Volodymyr Zelensky

Régis Genté et Stéphane Siohan

Volodymyr Zelensky

Dans la tête d'un héros

Robert Laffont

© Éditions Robert Laffont, S.A.S., Paris, 2022
ISBN 978-2-221-26451-5
Dépôt légal : mai 2022
Éditions Robert Laffont – 92, avenue de France 75013 Paris

Note sur la translittération

La langue nationale de l'Ukraine est l'ukrainien, mais une partie de la population parle russe. En réalité, c'est un pays profondément bilingue où la plupart des habitants comprennent et parlent les deux langues, passent de l'une à l'autre sans difficulté, voire les mélangent parfois, notamment dans les provinces rurales.

Ce plurilinguisme ne va pas sans poser quelques problèmes pour la translittération en français des expressions, des noms de lieux et des noms propres. En effet, les deux langues utilisent l'alphabet cyrillique, cependant avec quelques nuances alphabétiques, qui vont faire varier les dénominations.

Nous avons choisi pour cet ouvrage de respecter autant que possible la translittération de la langue ukrainienne, qui est celle de l'état civil ukrainien, mais aussi celle des cartes officielles par lesquelles on désigne les villes et les régions. Ainsi, s'agissant

du prénom du président Zelensky, nous l'écrirons
«Volodymyr» et non «Vladimir», à la russe. Même
chose pour «Ihor» par exemple, le «Igor» russe.

Ces dernières années, les Ukrainiens ont souhaité
que la presse internationale abandonne la graphie
«Kiev», considérée comme le nom russe de leur
capitale, pour privilégier la forme «Kyiv», qui est la
vraie translittération du nom de leur capitale de
l'ukrainien. La plupart des médias anglo-saxons,
à commencer par les grandes agences de presse, ont
récemment adopté la graphie «Kyiv».

Ce passage semble plus délicat en français, où la
forme «Kiev» est ancrée dans les usages ortho-
typographiques de la presse et de l'édition. Pourtant,
les temps changent, et à l'heure où l'Ukraine connaît
des bouleversements historiques liés à l'agression
russe, certains médias ont décidé de modifier leur
charte et d'écrire «Kyiv» en français. Les rédactions de *Libération* et de Mediapart ont ainsi effectué
ce choix en mars 2022, estimant que les usages
linguistiques doivent s'adapter au rythme des
événements géopolitiques et sociaux du monde
contemporain. Les auteurs de ce livre, eux-mêmes
russophones, ont aussi adopté ce parti pris.

Nous écrivons «Kyiv» car c'est ainsi que les
Ukrainiens souhaitent que soit appelée leur belle
capitale. De même, nous écrivons «Kharkiv» et non
«Kharkov», «Lviv» et non «Lvov», «Louhansk»
et non «Lougansk». L'art de la translittération

serait ennuyeux s'il était trop simple : nous privilégie-rons «Odessa» à la graphie ukrainienne «Odesa», la ville mythique ayant sa propre logique !

En ce qui concerne les noms propres, de manière générale, nous utilisons la forme ukrainienne des prénoms et des noms, qui est celle qu'utilisent les Ukrainiens à l'écrit. Néanmoins, certains Ukrainiens célèbres gardent la variante russe de leur identité dans leur vie publique. Nous respec-tons alors ces choix par pragmatisme. Un nouveau facteur entre par ailleurs en compte : les réseaux sociaux. Les Ukrainiens, politiciens, artistes, simples citoyens choisissent eux-mêmes pour leurs pages publiques la façon dont ils souhaitent que l'on écrive leur nom en lettres latines. Souvent, cette forme correspond à la translittération en anglais, avec des règles propres.

Dans ce contexte linguistique riche et complexe, nous avons donc souhaité respecter l'intégrité de la langue ukrainienne, alors même que le russe est souvent la langue de nos échanges professionnels dans cet étonnant pays. En matière de translittéra-tion des langues slaves, la perfection est un idéal difficilement atteignable. Notre parti pris est celui de la logique, du respect des identités individuelles et de la personnalité culturelle ukrainienne.

1

La scène qu'il n'avait pas jouée

«J'ai besoin de munitions, pas d'un taxi»

Les Ukrainiens sont entrés en guerre au terme d'une nuit d'insomnie collective. Au soir du 23 février 2022, beaucoup d'entre eux ont du mal à trouver le sommeil. Deux jours plus tôt, ils ont écouté, stupéfaits, le président russe Vladimir Poutine se livrer à un réquisitoire d'une violence inouïe contre leur nation, après un long monologue sous forme de révisionnisme historique et géopolitique. Un discours qui n'avait d'autre but que de justifier un conflit qu'il souhaite de tout son être. Cette nuit-là, chacun a les yeux rivés sur la télévision, sur les smartphones, ou sur tout autre écran où l'on observe depuis des mois gonfler l'énorme déploiement des forces russes aux frontières méridionales, orientales et septentrionales du pays.

Depuis octobre 2021, les agences de renseignements américaines n'ont de cesse de distiller dans la presse des informations sur l'imminence d'une invasion russe de l'Ukraine. Plus l'hiver avance, plus les prévisions se précisent : la guerre, ce sera pour fin février. Une guerre totale, d'une ampleur inédite. Quelques semaines plus tôt, relaie la chaîne CNN, Joe Biden aurait même confié que Kyiv, la capitale, serait bombardée. Devant un tel scénario catastrophe, l'inquiétude monte, mais de nombreux Ukrainiens et même des experts de cette partie de l'Europe restent incrédules, comme si l'on n'arrivait pas à concevoir que Vladimir Poutine puisse se résoudre à commettre l'irréparable.

La tension monte au cœur de la nuit. Les services de messagerie et les réseaux sociaux entrent en surchauffe vers 2 heures du matin, quand le président Volodymyr Zelensky, en costume cravate noir sur chemise blanche, s'adresse directement aux citoyens russes, dans leur langue : «Écoutez la voix de la raison. Le peuple ukrainien veut la paix.» Il affirme qu'il a essayé d'appeler directement Vladimir Poutine au téléphone : «Le résultat a été le silence.» Il rappelle solennellement les liens entre les deux pays : «Nous n'avons pas besoin de la guerre. Nous n'attaquerons pas, mais nous nous défendrons. Et vous verrez nos visages. Pas nos dos, mais nos visages.»

Un peu plus tard, on annonce un discours nocturne du maître du Kremlin. Dans une allocution hallucinée, celui-ci déclare lancer une «opération militaire spéciale» visant à la «dénazification de l'Ukraine». Tout le monde comprend en une fraction de seconde la portée de ses mots : il s'agit d'une déclaration de guerre. Quelques heures après la fin de cet exposé, des missiles balistiques s'abattent sur Kramatorsk, Kyiv, Kharkiv... Le monde s'affole. Il est bientôt 6 heures, en ce triste 24 février, et la guerre de la Russie en Ukraine vient de commencer.

Très vite, des colonnes de chars russes franchissent la frontière, des unités tactiques se déploient. Aux quatre coins du pays, des missiles longue portée tirés du Bélarus ou de la mer Noire frappent les aéroports ou les installations militaires stratégiques. Au petit matin, Volodymyr Zelensky empoigne son téléphone en mode selfie, comme il le faisait trois ans plus tôt, au début de son incroyable campagne électorale. Il s'adresse cette fois directement à ses concitoyens, chemise ouverte, la cravate tombée, le visage marqué par la colère : «Poutine a déclaré la guerre à l'Ukraine et au monde démocratique dans son ensemble. Il veut détruire mon État, notre État, tout ce que nous avons construit, tout ce pour quoi nous vivons. Je m'adresse à tous les Ukrainiens et en particulier aux soldats : vous êtes courageux, incassables, vous êtes ukrainiens.» Il est en train de faire sa mue : Volodymyr Zelensky, devenu président en promettant d'apporter la paix, se transforme en leader d'un pays en guerre.

Âgé de quarante-quatre ans, l'homme a déjà connu plusieurs vies. C'est le propre des artistes, des créateurs et des touche-à-tout. Humoriste, acteur, scénariste, producteur, patron d'entreprise, il est devenu célèbre pour avoir endossé à deux reprises l'habit du président de l'Ukraine : la première fois en 2015, dans une série télévisée comique appelée *Slouga Narodou* (*Serviteur du peuple*), la seconde fois en 2019, dans la vie réelle, à l'issue d'une élection à nulle autre pareille dans le monde. Un scénario tellement surréaliste et postmoderne qu'on ne sait plus où est la fiction, où est la réalité. Au petit écran, Zelensky avait usé de toute sa fantaisie pour imaginer, sous les traits de l'improbable Vassyl Goloborodko, tout ce qui peut arriver à un président de l'Ukraine. Il y manquait un rôle : celui du chef de guerre.

Ailleurs en Europe, la mémoire de la Seconde Guerre mondiale se dissout avec la disparition naturelle de ses derniers témoins. Et voilà qu'en 2022, en Ukraine, là où se sont écrites certaines des pages les plus sanglantes et dramatiques du XXᵉ siècle, éclate une nouvelle guerre majeure : potentiellement le plus important conflit conventionnel entre deux États, deux armées, sur le sol européen, depuis 1945. Au soir du 24 février, l'Ukraine compte déjà 137 morts et 316 blessés, un premier bilan très provisoire. Volodymyr Zelensky prononce une nouvelle adresse officielle, qui donne le ton de sa communication à venir : simple, cash, sans concession et n'hésitant surtout pas à appuyer là où ça fait mal aux bonnes consciences occidentales. «Aujourd'hui, j'ai demandé aux vingt-sept leaders européens si l'Ukraine intégrera l'Otan : tous ont peur, personne ne me répond, décoche-t-il, bravache. Mais nous n'avons pas peur. Nous n'avons peur de rien. Nous n'avons pas peur de défendre notre pays. Nous n'avons pas peur de la Russie.» Un peu plus tôt dans la journée, le président a touché les dirigeants européens au cœur, les mettant face à la réalité brutale, sauvage, même : «C'est peut-être la dernière fois que vous me voyez vivant.»

À cette heure précise, il sait que l'armée russe est en train de larguer des forces spéciales sur l'aéroport militaire de Hostomel, au nord-ouest de la capitale, dont les redoutables commandos parachutistes de la 76ᵉ division d'assaut aéroportée de la garde de Pskov. Si l'ennemi s'empare de cet objectif, il pourra acheminer des avions gros-porteurs et projeter en quelques heures leurs troupes de choc au cœur de Kyiv. «Je reste dans la capitale, tranche Zelensky. Ma famille est également en Ukraine. Mes enfants aussi. Les membres de ma famille ne sont pas des traîtres, mais des citoyens de l'Ukraine. Selon nos informations, l'ennemi a fait de moi la cible numéro un, de ma famille, la cible numéro deux. Il veut porter atteinte politiquement à l'Ukraine en éliminant le chef de l'État.»

La menace est bien réelle. Dès les premières heures de la guerre, la capitale est en état d'alerte maximale. En plus des bombardements, des unités blindées russes fondent vers la vaste métropole depuis le nord, elles rencontrent l'armée adverse à Irpin, Hostomel, Boutcha... Très vite, c'est l'exode : la moitié de ses quelque 4 millions d'habitants, femmes et enfants en priorité, s'enfuient par la route et le rail. La loi martiale est instaurée et le maire de la ville, l'ancien champion du monde de boxe Vitaly Klitschko, impose un couvre-feu radical. Les autorités sont persuadées que Kyiv est déjà truffée de groupes subversifs des forces spéciales russes, qui mèneraient des activités de sabotage et de reconnaissance.

Durant deux jours, il est interdit aux civils de sortir : la Teroborona (Défense territoriale) et la police ont l'instruction de tirer sans sommation sur n'importe quel passant suspect. Des petits groupes militaires russes dans des véhicules banalisés sont liquidés dans les quartiers d'Obolon et de Podil. Selon le Conseil national de sécurité et de défense, leur objectif est de marquer des cibles pour l'artillerie, mais également d'éliminer les dirigeants ukrainiens. La vice-Premier ministre Iryna Verechtchouk reçoit un appel téléphonique de l'ambassadeur de Grande-Bretagne, lui signifiant qu'elle est sur une «liste de personnes à abattre».

Plus tard, Oleksiy Danilov, le chef du Conseil national de sécurité et de défense de l'Ukraine, révélera que Volodymyr Zelensky a été l'objet d'au moins trois tentatives d'assassinat, dont la principale a été menée par une unité spéciale de la Garde nationale tchétchène, les Kadyrovtsy, les hommes de main de Ramzan Kadyrov, le brutal chef de la République tchétchène, protégé de Vladimir Poutine. Danilov explique que l'appareil de sécurité ukrainien a été informé de l'opération spéciale par des fuites détaillées au sein du Service fédéral de sécurité (FSB) de la fédération de Russie, ce que nous confirme une source américaine.

Les menaces sont suffisamment étayées pour que les États-Unis proposent à Zelensky de l'évacuer. «J'ai besoin de munitions, pas d'un taxi», répond sèchement le président aux messagers de Joe Biden, dans une réplique qui restera dans l'histoire. Les heures passent et Volodymyr Zelensky s'enhardit. Aux sombres plans et aux *fake news* du Kremlin, il répond du tac au tac, en utilisant son arme préférée : Instagram et les réseaux sociaux, sous les yeux des Ukrainiens et des internautes du monde entier qui découvrent à leur tour le phénomène.

Le 25 février, les médias russes répètent à l'envi que la direction ukrainienne a fui le pays. Sous-entendu : comme des lâches. Une bombe informationnelle visant à décourager la population, à lui faire renoncer à toute résistance. C'est mal connaître le tempérament de ce peuple et celui de son drôle de président. À la nuit tombée, Volodymyr Zelensky sort du bâtiment de l'administration présidentielle et descend dans la rue Bankova adjacente, accompagné de ses plus proches collaborateurs, tous habillés en kaki. À la lumière jaunâtre et blafarde des lampadaires, comme s'il dirigeait un groupe de rock ou une unité de partisans, il retourne son smartphone vers la bande des cinq : «Bonsoir tout le monde! Le chef de la fraction parlementaire [David Arakhamia] est là, le chef du bureau du président [Andriy Yermak] est là, le Premier ministre [Denys Chmyhal] est là, Mykhailo Podoliak [conseiller diplomatique] est là et le président est là. Nous sommes tous là. Nos militaires sont là. Les citoyens sont là. Nous sommes tous là pour défendre notre indépendance, notre État, et ça continuera comme ça. Gloire à nos défenseurs! Gloire à l'Ukraine!»

Cette vidéo basique est un véritable coup de maître, qui va bien au-delà du simple coup de com. Alors qu'en 1940, les Français écoutaient le général de Gaulle sur Radio Londres, en 2022, ce sont 15 millions de personnes qui regardent Zelensky dans les yeux sur Instagram, sans compter les autres plateformes. Sa sortie galvanise tout le pays, qui comprend instantanément que son président et ses associés, semblables à une bande de copains unis comme les doigts de la main, ne vont pas les lâcher. Même les plus féroces critiques de Zelensky avant la guerre se rangent derrière cet acte de bravoure. Pourtant, avant le déclenchement du conflit, beaucoup d'Ukrainiens craignaient que sa tendance à minimiser le risque d'invasion trahisse une faiblesse, la possibilité d'une capitulation.

Volodymyr Zelensky vient de retourner l'opinion. En décembre, sa cote de popularité plafonnait à 38 %. Deux jours après la vidéo mythique sous les lampadaires, 91 % des Ukrainiens déclarent soutenir les actions de leur président ! Les Ukrainiens, qui n'ont pas attendu Zelensky pour faire preuve de courage, s'engagent encore plus massivement dans la résistance à l'occupant. Selon le même sondage de l'institut Rating, 85 % des citoyens interrogés sont persuadés que leur pays peut gagner la guerre contre la Russie. Leur combativité était déjà un fait acquis. La surprise du chef, c'est le courage physique et moral de Volodymyr Zelensky, « Capitaine Ukraine », comme le surnomment certains, qui éclate à la face du monde et révèle un vrai leader politique.

Rempart des démocraties

Ce 4 avril 2022, le visage de Volodymyr Zelensky a perdu son air juvénile, ce visage de jeune premier où l'on discernait habituellement, quelque part dans le regard, à la commissure des lèvres, dans le jeu volontiers clownesque des sourcils, une personne fondamentalement heureuse, à la personnalité légère. Ce jour-là, à Boutcha, petite ville périphérique du nord-ouest de Kyiv, le président a vieilli de vingt ans. Tout son faciès est crispé, concentré sur les horreurs qui, partout, hantent la ville, les cadavres qui jonchent les rues, les récits de viols collectifs systématiques qui s'accumulent, les maisons éventrées, les carcasses de blindés. Le visage est un peu gonflé, les rides du front viennent se refermer sur le haut du nez, les cernes sont marqués, quelques poils blancs ont fait leur apparition dans sa barbe de quinze jours.

C'est la première fois depuis le début de la guerre que le président sort du centre de la capitale. Après un mois de féroce bataille, les soldats ukrainiens et la Défense territoriale ont infligé aux troupes russes des pertes massives, obligeant le Kremlin à renoncer à son objectif initial : la prise de Kyiv, voire l'élimination physique des dirigeants du pays. Les troupes russes et tchétchènes se sont retirées de Boutcha et laissent derrière elles un champ de ruines. Volodymyr Zelensky, un gilet pare-balles sur les épaules, est venu se rendre compte par lui-même du type de guerre que la Russie livre à son pays et à son peuple. « Ce sont des crimes de guerre et cela sera reconnu par le monde comme un génocide », déclare-t-il à quelques dizaines de journalistes dans un décor apocalyptique.

Les rues et les arrière-cours de Boutcha sont jonchées de cadavres de civils. D'autres corps ont été enterrés à la va-vite dans les jardins ou le long des rues. Une fosse commune de plusieurs dizaines de dépouilles a été découverte aux abords de l'église Saint-André. Boutcha pue la mort. Les enquêteurs estiment que plus de 400 personnes ont été exécutées, la plupart d'une balle dans la nuque. De nombreux cadavres sont retrouvés les mains liées dans le dos. La systématicité du mode opératoire, que l'on retrouve dans d'autres localités, laisse entrevoir des crimes contre l'humanité, au regard du droit international. Plus grave encore, les premiers indices relevés par les enquêteurs et les journalistes font comprendre que le massacre pourrait s'apparenter à une tentative délibérée de détruire un groupe de population spécifique.

Les enquêteurs de la Cour pénale internationale (CPI) accourent sur les lieux. En employant le mot «génocide», Volodymyr Zelensky souhaite d'abord mobiliser l'opinion internationale, lui faire comprendre la gravité et l'ampleur des crimes commis, mais aussi pointer le sens profond de ce qui se joue en Ukraine. Car des messages inquiétants émanent du Kremlin. La politique de «dénazification» décrétée par Vladimir Poutine comme prétexte à la guerre est interprétée par ses troupes comme un appel au meurtre de quiconque se caractérise par son attachement à l'Ukraine indépendante ou par ses liens à la mouvance patriotique. À l'heure où les troupes russes se retirent de Boutcha, un idéologue du Kremlin écrit que «l'hypothèse que le peuple est bon et le gouvernement mauvais ne fonctionne pas. La reconnaissance de ce fait est à la base de la politique de dénazification[1]». Les mots font froid dans le dos. L'intention génocidaire n'est pas à écarter d'emblée.

Partout dans les régions libérées du nord, on découvre d'autres Boutcha, sans compter la litanie des villes et des villages purement et simplement écrasés sous les bombes, comme Borodianka, à 60 kilomètres de Kyiv. Le 1er mars 2022, Volodymyr Zelensky déclarait dans une interview à la chaîne américaine CNN et à Reuters que «la guerre en Ukraine est une guerre en général pour des valeurs : la vie, la démocratie, la liberté. C'est donc une guerre [livrée] au monde entier». Le président martèle cette idée inlassablement lors de ses multiples vidéo-conférences avec la presse internationale, avec des dirigeants étrangers ou des parlements occidentaux, qui l'accueillent sur grand écran sous les applaudissements. Certains pays membres de l'Otan, comme la Pologne ou les pays baltes, comprennent que les

---

1. Timofeï Sergueïtsev, «Ce que la Russie doit faire avec l'Ukraine», Ria Novosti, 3 avril 2022.

armes russes pourraient les frapper et faire entrer le conflit dans une autre dimension.

Le 23 mars, devant l'Assemblée nationale et le Sénat français, Volodymyr Zelensky évoque un combat pour «notre liberté commune! Pour Paris et Kyiv, pour Berlin et Varsovie, pour Madrid et Rome, pour Bruxelles et Bratislava». Il appelle les députés français à armer son pays et à sanctionner la Russie. Il sous-entend que dans ces temps troublés, les régimes autoritaires et dictatoriaux de la planète entendent profiter des faiblesses et des graves erreurs historiques qu'ont commises les démocraties occidentales pour imposer leur modèle de gouvernance, une sonnette d'alarme qui résonne en pleine campagne électorale française, alors qu'une candidate présente au second tour est soutenue par le Kremlin.

La liberté qu'évoque de façon systématique Volodymyr Zelensky est avant tout celle de son peuple, d'une nation politique qui a recouvré son indépendance en 1991 et qui réunit en son sein des citoyens ukrainophones, russophones, mais bilingues dans leur immense majorité, des groupes ethniques divers, des confessions religieuses différentes, en somme des individus qui se reconnaissent dans un désir de vivre ensemble dans une nation incluante. Le désir de liberté et la solidarité nationale ukrainienne puisent dans l'histoire des cosaques, ces communautés autonomes de paysans et de guerriers qui ont vécu sur les terres de l'Ukraine actuelle et ont donné naissance à un système d'organisation politique original. «Les cosaques jouent un rôle mythique dans l'histoire nationale ukrainienne en raison de leurs combats pour la liberté contre les Polonais ou les Russes[1]», estime ainsi la politologue Alexandra Goujon.

Trente ans après la chute de l'URSS, les Ukrainiens envisagent le combat actuel comme une guerre d'indépendance, voire comme une guerre de décolonisation, l'ancienne puissance tutélaire n'acceptant pas de voir émerger un État-nation à ses portes. C'est ce même refus de laisser s'éloigner d'autres anciens morceaux de l'empire qui est à l'origine des tensions, de nature et d'intensité différentes, entre Moscou et la Géorgie, le Bélarus, l'Arménie ou la Moldavie. Avec l'Ukraine, l'Europe assiste aujourd'hui à l'affirmation du dernier grand État-nation du continent, qui tente de se préserver vis-à-vis de son voisin et d'assurer sa pérennité.

C'est dans les dynamiques politiques internes qu'il faut notamment aller chercher les raisons de l'ire russe contre l'Ukraine indépendante. Trop souvent, les commentateurs internationaux du dossier ukrainien surévaluent la dimension géopolitique globale et la question spécifique de l'accession à

---

1. Alexandra Goujon, *L'Ukraine. De l'indépendance à la guerre*, Paris, Cavalier bleu, 2021, p. 31.

l'Otan pour analyser le conflit russo-ukrainien, au détriment des représentations, des fantasmes et de la dimension historique. Bien entendu, l'idée même d'une adhésion de Kyiv ou de Tbilissi à l'Otan est importante. Mais il ne faut pas oublier que la Géorgie a été attaquée par la Russie en 2008 sur la base de motifs semblables à ceux de l'agression en Ukraine en 2014 et 2022. En Géorgie, les conflits de séparatisme ont été soutenus, voire créés par Moscou bien avant que Tbilissi ne songe même à rejoindre l'Otan. L'agression russe est précisément la raison pour laquelle la Géorgie s'est tournée vers l'Alliance atlantique.

Un mécanisme similaire est à l'œuvre en Ukraine : le désir d'Otan était minoritaire avant 2014. C'est l'annexion de la Crimée, la guerre déclenchée dans le Donbass, qui a fait en huit ans 14 000 victimes, et la politique agressive de la Russie qui ont graduellement fait monter le soutien au principe de l'adhésion de l'Otan, perçu comme un mécanisme assurant la sécurité nationale. Cette idée est profondément inacceptable pour Vladimir Poutine, car se rapprocher de l'Otan ou adhérer à l'Alliance, c'est également adopter une gouvernance de type occidental qui, une fois enracinée dans un territoire que le Kremlin considère comme faisant partie du «monde russe», pourrait contaminer la fédération elle-même et son modèle fondamentalement autocratique.

La guerre de la Russie en Ukraine n'a donc pas commencé le 24 février 2022 à 6 heures du matin, mais bien avant. Elle n'est pas seulement liée aux velléités de l'Ukraine de rejoindre l'Otan, aspiration relativement récente. On pourrait la faire remonter à l'affront qu'a constitué pour le pouvoir russe la révolution de Maïdan en février 2014 : ce mouvement populaire avait abouti au départ du président pro-russe Viktor Ianoukovitch, après que ce dernier avait renoncé, en novembre 2013, à la signature d'un accord d'association entre l'Ukraine et l'Union européenne. Le Kremlin avait alors profité de la transition post-révolutionnaire pour punir l'Ukraine en annexant la Crimée et en déclenchant un conflit « séparatiste » dans le Donbass, province minière et sidérurgique orientale. En réalité, la guerre de 2022 plonge ses racines loin dans l'histoire des deux nations, depuis plus de trois siècles.

À deux reprises, au début du XVIIIᵉ siècle et au début du XXᵉ siècle, l'Empire russe puis l'URSS ont utilisé la guerre ou la coercition violente afin d'empêcher l'Ukraine d'accéder au statut d'État indépendant, au prix de l'élimination physique de la paysannerie et des élites politiques et intellectuelles ukrainiennes dans les années 1930 sous Staline. La guerre de 2022 n'est donc que la continuité d'une longue histoire entre volonté de domination, d'une part, et désir de libération, d'autre part. Depuis deux siècles, les dirigeants et idéologues russes s'évertuent à imposer une vision de l'Ukraine perçue comme une «petite Russie», un terme repris par Vladimir Poutine en 2021, et des Ukrainiens et des Russes comme des «peuples frères».

C'est justement cela que refusent obstinément la majorité des Ukrainiens et ce que refuse aussi désormais Volodymyr Zelensky, malgré des origines sociales, géographiques et un parcours professionnel qui auraient pu faire de lui un partisan du «monde russe». Mais l'agression russe de 2014 et encore plus la guerre de février 2022 rendent impossible aux yeux de ses compatriotes toute intégration à ce «monde russe». La résistance à l'«opération militaire spéciale» lancée par Moscou est perçue comme un combat existentiel pour l'indépendance et la survie de la nation.

Le fossé entre les deux pays se creuse irrémédiablement. Si l'Ukraine survit à cette guerre, l'opération de «dénazification» menée par Vladimir Poutine sera le tombeau des ambitions futures du Kremlin sur le territoire. Le massacre de Boutcha marque une rupture définitive tant qu'un nouveau régime n'est pas instauré à Moscou. Les deux pays font désormais partie de deux mondes que tout oppose. D'un côté, un Vladimir Poutine qui qualifie les dirigeants ukrainiens de «bande de drogués et de néonazis», et de l'autre, un président et des gouvernants ukrainiens qui n'insultent jamais en public leurs homologues russes, malgré la guerre, malgré le mépris, malgré les exactions de l'armée. Car comme le déclare Volodymyr Zelensky en avril 2022, « quand tu prends conscience que tu veux être membre d'une société civilisée, tu dois garder ton calme, car c'est la loi qui décide de tout ».

Un drôle d'animal politique

La guerre de la Russie en Ukraine n'est pas qu'un conflit militaire à haute intensité, c'est aussi une guerre des mots et de la communication, ainsi qu'une confrontation de styles radicale entre deux hommes que tout oppose. Vladimir Poutine, soixante-dix ans, au pouvoir depuis plus de deux décennies, est l'archétype du dirigeant russe, autoritaire, brutal, formé à la culture administrative du KGB puis du FSB, enfermé dans sa tour d'ivoire, ne souffrant aucune opposition ni contestation. Volodymyr Zelensky, quarante-quatre ans, est, lui, arrivé à la présidence ukrainienne en 2019 sans aucune expérience des responsabilités, mais dans le sillage d'une nouvelle génération de politiciens libéraux, les Justin Trudeau ou Emmanuel Macron, avec qui il ne cache pas une proximité, un art de la mise en scène et une certaine esthétique du pouvoir.

Dès les prémices de la guerre, le contraste est frappant. L'opinion mondiale frissonne en observant, éberluée, ces images de Vladimir Poutine recevant des chefs d'État étrangers ou ses propres ministres dans le décorum pompeux à souhait du Kremlin. Les invités du tsar sont tenus à distance au bout de tables interminables, autant dans un souci de maintenir Poutine loin de tout microbe et virus, notoirement celui du Covid-19, que dans celui de mettre en scène le pouvoir d'autocrate et son ascendant sur ses interlocuteurs. Dans un Conseil national de sécurité et de défense dramatique visant à reconnaître les républiques «séparatistes» de Donetsk et de Louhansk, on observe Poutine brutalisant verbalement ses ministres et plus proches conseillers, dont certains semblent tétanisés par les conséquences militaires de cette réunion.

Volodymyr Zelensky est aux antipodes de l'ancien lieutenant-colonel du KGB quand il s'agit de se mettre en scène politiquement. En costume bien taillé en temps de paix, en tee-shirt ou chemise kaki en temps de guerre, il joue la carte de la simplicité, de l'affabilité et de la proximité. Avec ses concitoyens, il adopte une politique de transparence, à l'aide de messages vidéo quotidiens postés sur ses comptes de réseaux sociaux. Parfois, il les réalise lui-même, créant une sensation de proximité et d'intimité avec son audience. Volodymyr Zelensky ne crache jamais sur un petit selfie, avec un collaborateur, une célébrité, et avec les gens du peuple qu'il croise dans la rue. À sa première conférence de presse internationale de la guerre, il arrive en portant lui-même sa chaise, sur laquelle il s'assoit à hauteur des journalistes. Une autre fois, il parle au micro d'une chaîne allemande, assis sur les marches du rez-de-chaussée de l'administration présidentielle, entre des murs de sacs de sable installés pour protéger d'éventuels tirs. De manière générale, l'homme est plutôt souriant, sauf quand on lui pose des questions qui ne lui plaisent pas ou qu'un journaliste le critique, mais il a appris à maîtriser ses montées d'agressivité. Il a une aisance naturelle à créer du lien, il se souvient des visages entrevus, il serre les mains, a souvent un mot sympa. Un peu pataud au début de son mandat avec ses homologues internationaux, il a appris à s'adapter à leur personnalité.

Selon plusieurs sources, une grande partie de l'emploi du temps du président Zelensky en guerre est de communiquer. Déléguant la gestion de crise à ses fidèles conseillers, il passe son temps au téléphone, sur Zoom, sur Skype. Presque tous les jours, il s'adresse à des chefs d'État, des premiers ministres, des parlements, des organisations internationales. Il les entretient de l'actualité du conflit, plaide la cause de l'Ukraine et revient systématiquement sur son grand cheval de bataille : des livraisons d'armes et des sanctions renforcées contre la Russie. Chaque intervention est parfaitement ciselée, avec des références sur mesure : avec les Britanniques, il évoque Churchill et Tolkien ;

aux Français, il parle de la mémoire de Verdun; devant le Congrès américain, il fait vibrer la corde de Pearl Harbour et du 11 septembre 2001.

Zelensky adore truffer ses conversations de références cinématographiques. «Lorsque certains dirigeants me demandent de quelles armes j'ai besoin, je réponds que j'ai besoin d'un moment pour me calmer, car je leur ai déjà dit la même chose la semaine précédente. C'est comme *Le Jour sans fin*, j'ai l'impression d'être Bill Murray», rigole Zelensky, lorsqu'il rencontre, fin avril, Anne Applebaum, journaliste et historienne des pays de l'Est. Il évoque alors ce film dont le héros est coincé dans une boucle temporelle qui le force à revivre indéfiniment la même journée. L'humour et une bonne humeur naturelle permettent à Zelensky de nouer des liens personnels, voire d'amitié, avec des personnalités spécifiques, comme Charles Michel, le président du Conseil européen.

Lorsque le Premier ministre britannique Boris Johnson débarque à l'improviste à Kyiv le 10 avril, apportant un soutien politique couplé à de nouvelles livraisons d'armes, Zelensky n'hésite pas à le balader sur Maïdan, à la rencontre d'habitants de Kyiv, alors que le pire est passé. Volodymyr Zelensky excelle dans ce style : la communication informelle, tout en détermination, mais sans agressivité. Avec les responsables étrangers, il prend toujours bien soin de ne jamais être insultant ou méprisant.

Lorsqu'il s'adresse à ses compatriotes, le président donne dans le mode emphatique : il se met à leur niveau. Dans les premières semaines de la guerre, il fait presque un sans-faute, excellant dans la production de messages simples, travaillant l'image. Il donne une impression de naturel, mais, en réalité, tout est parfaitement conçu : Zelensky est une bête de communication.

Car lorsqu'il se retrouve seul avec un ou plusieurs journalistes, pour un entretien dont il n'a pas obtenu les questions en amont, le naturel revient au galop : ça coince. La pensée de Zelensky est brouillonne, quelle que soit la langue utilisée. Il a les bonnes intuitions, mais tourne souvent autour du pot et peut mettre de longues minutes à répondre à une interrogation pourtant toute simple. Dans ces moments-là, Zelensky devient une véritable énigme politique : à quoi pense-t-il ? Quelles sont au fond ses idées politiques fortes, et en a-t-il vraiment ? Son génie est d'avoir comblé des carences initiales rédhibitoires en matière de formation politique et de colonne vertébrale idéologique par des intuitions et des fulgurances formidables, un véritable don à capter les aspirations de son peuple qui l'a propulsé parmi les pionniers, au XXIᵉ siècle, d'une nouvelle forme de politique.

En mars 2019, Volodymyr Zelensky reçoit un petit groupe de journalistes, dont Noah Sneider, à l'époque chef de bureau de *The Economist* pour la Russie et l'Ukraine (ainsi qu'un des auteurs du livre). «Il m'a paru sincère, mais profondément naïf. Il était charmant et charismatique, il semblait croire que sa célébrité se traduirait facilement en réussite dans un domaine où il n'avait que peu d'expérience. Il ne se comportait pas comme les politiciens pompeux qui avaient dirigé et volé pendant des années. Il parlait comme un homme normal, se souvient le journaliste. Lors de cette interview, je lui ai demandé pourquoi il voulait renoncer à l'adulation de ses fans et à son succès en tant qu'acteur, pour un travail incertain et probablement turbulent comme président. Il a parlé d'un vide de confiance dans la politique, que lui seul pouvait combler. Il avait clairement des ambitions : "Je veux laisser une trace dans l'histoire", a-t-il dit. Mais il ne définissait pas ses objectifs en termes idéologiques ou historiques.» Un peu plus tard, le reporter de *The Economist* s'entretiendra une seconde fois avec Zelensky, qui lui dira que «l'important en politique, c'est d'être honnête et intègre». Pour Noah Sneider, il s'avère *a posteriori* que Volodymyr Zelensky avait alors une mauvaise compréhension des détails de la conduite politique, «mais il disposait déjà d'un bien meilleur sens des principes fondamentaux que quiconque n'avait pu l'imaginer à l'époque».

Le «zelenskysme», si l'on peut se permettre ce néologisme, est un populisme bon enfant à l'ukrainienne. C'est une façon de faire de la politique enracinée dans l'ère des réseaux, dans laquelle l'image et l'aspect visuel comptent plus que le contenu et les idées elles-mêmes. «Cela fait quinze ans que je produis des messages, je me vois comme un professionnel dans ce domaine, capable de faire passer ça au niveau de l'État», explique encore Volodymyr Zelensky en mars 2021. Plus que d'imposer des idées par le haut, il s'agit de humer l'air du temps et de picorer les bonnes idées, en confiant la gouvernance à des personnalités expertes dans leur domaine. «Zelensky est une page blanche, c'est pour ça que c'est intéressant de travailler avec lui, on peut lui proposer des idées», nous confie un jour Oleksandr Danylyouk, ex-ministre des Finances de Petro Porochenko, qui fut un temps conseiller de Zelensky. «L'Ukraine dispose d'une pléthore de politiciens, des grosses têtes pourries de l'intérieur, mais il y a très peu d'hommes d'État qui défendent l'État de droit et la liberté», explique Dmytro Razoumkov, politologue qui fut stratège de campagne de Zelensky en 2019. Cela explique qu'un Zelensky, à peine élu, est capable d'accoucher lors de sa première passe d'armes à distance avec Vladimir Poutine d'une devise ukrainienne moderne qui claque au vent :

«La citoyenneté ukrainienne, c'est la liberté, la dignité et l'honneur.»

Lorsqu'ils ont posé les bases du projet politique Serviteur du peuple, un parti attrape-tout, les stratèges du futur président ont volontiers regardé vers la France et la façon de faire d'Emmanuel Macron. «Nous avons observé les tendances politiques françaises, en regardant aussi bien ce que faisait Macron que le mouvement des Gilets jaunes», confie alors malicieusement Dmytro Razoumkov. La formation Serviteur du peuple présente d'étranges similitudes avec La République en marche : dégagisme, nouvelle élite sans articulation idéologique forte, culture technocratique, fascination pour les nouvelles technologies et le digital, prime à la communication permanente, liens de fidélité indéfectibles au chef, mais aussi une capacité fantastique à brasser du vent...

Peu après son élection, Volodymyr Zelensky confiera à un de ses amis, Rouslan Stefantchouk, futur président du Parlement, la Verkhovna Rada, le soin de théoriser l'idéologie de son parti. Stefantchouk parlera de «libertarianisme». On retrouve ce terme dans plusieurs cercles intellectuels des pays post-soviétiques (Géorgie, Arménie, pays baltes, Russie), où une génération de responsables a par exemple été baignée dans la pensée de l'ancien ministre de l'Économie géorgien Kakha Bendoukidzé, qui a repensé le libéralisme pour l'adapter aux réalités de ces nations. Les livres de Bendoukidzé ont été largement traduits en ukrainien, et il a obtenu une audience très large sur le territoire pendant la révolution de Maïdan.

Chez Volodymyr Zelensky, ce libertarisme se caractérise d'abord par une certaine forme de libéralisme sur les questions sociales. Zelensky est ainsi le premier président ukrainien à évoquer ouvertement et de manière naturelle la question de l'égalité des droits pour les personnes LGBT+. Un vrai marqueur dans une société encore travaillée par les valeurs orthodoxes. La seconde obsession de l'homme, c'est «moins d'État, plus de digital». Il est l'auteur de la devise «mettre l'État dans un smartphone», qui consiste à créer le maximum de services publics en ligne, afin de rapprocher l'État des citoyens, mais aussi d'alléger la bureaucratie et les risques de corruption. Avec son vice-Premier ministre Mykhailo Fedorov, trente et un ans, en charge de la Transformation digitale, Volodymyr Zelensky met en place un outil absolument formidable appelé Diia : une application pour smartphone d'une simplicité enfantine, utilisée par 13 millions d'Ukrainiens, qui permet de gérer depuis son téléphone toutes ses relations avec l'administration, les impôts, le service des cartes grises, etc. L'Ukraine est le premier pays au monde à légaliser le passeport électronique.

Depuis 2019, elle connaît un boom économique de l'innovation technologique (IT) sans précédent. Kyiv est devenue la capitale européenne des cryptomonnaies et des bitcoins. Avant la guerre, le gouvernement s'était donné pour objectif de faire passer à 10 % la part du secteur IT dans le produit intérieur brut (PIB) à l'horizon 2025. Très clairement, Volodymyr Zelensky s'est inspiré du modèle estonien de gouvernance digitale. Cela traduit chez le président une fascination pour les pionniers de la nouvelle économie, Elon Musk en tête. Ce n'est pas un hasard si Zelensky et son gouvernement font appel au gourou sud-africain deux jours après le début de l'agression russe. Le 26 février 2022, Mykhailo Fedorov interpelle en effet Musk sur Twitter : « *@elonmusk, while you try to colonize Mars – Russia try to occupy Ukraine! While your rockets successfully land from space – Russian rockets attack Ukrainian civil people! We ask you to provide Ukraine with Starlink stations and to address sane Russians to stand*[1]. »

Quelques heures plus tard, le service Starlink, mis au point par la société d'Elon Musk SpaceX, est opérationnel en Ukraine, ses satellites ayant été déplacés au-dessus du pays. En réalité, cela fait des

---

1. « @elonmusk, pendant que vous essayez de coloniser Mars, la Russie essaie d'occuper l'Ukraine! Pendant que vos roquettes atterrissent avec succès depuis l'espace, des roquettes russes attaquent des civils ukrainiens! Nous vous demandons de fournir à l'Ukraine des stations Starlink et d'inviter les Russes sains d'esprit à se lever [contre Poutine]. »

mois que Zelensky rêve d'accueillir le milliardaire à Kyiv. Il est fasciné par ces self-made-men qui, selon lui, changent plus la société que les politiques. Ce libertarianisme réformiste de Zelensky a eu libre cours durant la première année de son mandat, sous le gouvernement du jeune Premier ministre moderniste Oleksiy Hontcharouk, remplacé en février 2020 par Denys Chmyhal, un bon manageur ne faisant pas de vagues, ancien directeur d'une usine électro-énergétique qui appartient à Rinat Akhmetov, l'homme le plus riche du pays. Car, en Ukraine, le libertarisme et les velléités de réformisme se heurtent à une dure réalité : celle du tout-puissant secteur énergétique et du jeu trouble des oligarques.

2

De Goloborodko à Zelensky

Serviteur du peuple

Il fait nuit. Sur les hauteurs de Maïdan, trois oligarques trinquent en avance au résultat de la présidentielle, à qui sera le futur «roi du château», dans cette «démocratie non supervisée» qu'est l'Ukraine. L'atmosphère est lugubre. Nous sommes dans une sorte de *Games of Thrones* au pays des cosaques. Entre deux accords de guitare acoustique résonne soudain le générique, une ritournelle dans laquelle tout le monde reconnaît la voix chaleureuse de Dmytro Chourov, un nom célèbre du rock indépendant ukrainien. «*J'aime mon pays... J'aime ma femme... J'aime mon chien... Je suis partout, jamais en panne, presque comme Superman...*», lance-t-il nonchalamment. Une lumière dorée arrose la capitale ukrainienne, les ponts sur le Dniepr, les façades 1900 du boulevard Krechtchatik et les nouveaux immeubles en verre, la colonne de la place de l'Indépendance. Un type à la bouille plutôt sympa, au regard un peu béat, pédale sur un vélo blanc, qu'il gare devant le bâtiment de la présidence ukrainienne.

Slouga Narodou, c'est l'histoire de Vassyl Goloborodko, un petit prof d'histoire de lycée, la trentaine, qui squatte encore chez ses parents dans un appartement typique de Kyiv, que se partage, entre le salon et la cuisine, toute la tribu élargie. Une colocation familiale spécifiquement postsoviétique. Un matin, Vassya, comme l'appellent ses proches, au sortir de la salle de bains, en retard pour le boulot, découvre, éberlué, dans le couloir le Premier ministre sortant, qui lui donne du «Monsieur le Président». Il lui annonce qu'il vient de remporter l'élection avec un score de 67%.

Flash-back. Quelques semaines plus tôt, Vassyl Goloborodko est en plein cours d'histoire avec la classe 10B, des adolescents d'à peu près seize ans, lorsque déboule dans la salle l'un de ses collègues. Il embarque les lycéens pour coller des affiches pour la présidentielle à venir, à la demande de la directrice. Engoncé dans son petit pull sans manches bleu, un peu ringard, vert de rage, Goloborodko, une fois les élèves sortis, laisse éclater sa colère dans un festival d'argot. La décence oblige le scénariste à remplacer certains mots par des «bip» : «J'en ai ma claque [bip]! Les élèves doivent foutre des affiches électorales [bip]! Pourquoi on a une vie de chiens? Parce que notre choix commence à ces panneaux. Il n'y a personne à choisir! Pour qui on doit voter? C'est toujours pour le moins mauvais de deux connards [bip]! Et ça fait vingt-cinq ans que ça dure [bip]!»

À la fenêtre, Glotov, l'un des cancres de la classe, filme discrètement le pétage de plombs et poste la vidéo sur YouTube. Boum! La colère homérique du petit prof fait le tour du pays. Huit millions de vues. Les parents de la 10B se disent que si Goloborodko se présentait, ils voteraient bien pour lui. Les élèves lancent une campagne par financement participatif pour leur naïf de prof. Et, sans transition, l'homme se retrouve élu, un beau matin, président de l'Ukraine, faisant la nique aux favoris, Serhiy Karassiouk et Jana Borysenko (des caricatures à peine maquillées de l'ancien président Petro Porochenko et de l'ex-première ministre Ioulia Timochenko). Tandis que Iouri Chouiko, le roublard Premier ministre sortant, l'emmène vers son destin à l'arrière d'une limousine, Goloborodko s'accroche à la poignée de plafond comme à la barre de son tramway quotidien.

Voilà servi en vingt minutes chrono le pitch pas très orthodoxe de *Serviteur du peuple*, le nouveau phénomène de la chaîne télé 1 + 1, la championne ukrainienne des sitcoms. La production est propre, professionnelle. Côté écriture, les cinéphiles repasseront... Mais *Slouga Narodou* joue la carte de l'humour, de l'ironie, des bons sentiments assez primaires. La série appuie très fort sur tous les clichés ukrainiens, détourés au scalpel et resservis dans des sketches qui font mouche. Plutôt bien troussée, malgré la moue des intellos, elle fait un carton auprès du grand public qui plébiscite les programmes populaires de 1 + 1. Huit millions, c'est aussi le nombre moyen de spectateurs que rassemble *Slouga Narodou*, durant les trois saisons diffusées entre 2015 et 2019. Le plus gros carton de l'audiovisuel ukrainien moderne. En 2017, la deuxième saison est adaptée pour le cinéma. Un peu plus tard, la plateforme Netflix acquiert les droits de la précédente. Une première pour un produit audiovisuel ukrainien, et le jackpot pour la société de production entre les murs de laquelle a germé la série, Kvartal 95, dirigée par un humoriste et producteur audiovisuel doté d'un certain talent pour les affaires : Volodymyr Zelensky. Producteur, donc, mais aussi coauteur et acteur principal de *Serviteur du peuple*.

Plusieurs raisons expliquent ce succès. La première, et non la moindre : le pays, que ne ménage pas l'actualité quotidienne, a besoin de souffler, et de rire un peu. Réalisée par Oleksiy Kiriouchenko, un habile homme de télévision, la sitcom se place d'emblée dans une Ukraine de cocagne, intemporelle, presque imaginaire. On y reconnaît le paysage urbain de Kyiv, des reflets lointains des révolutions qu'elle a connues et de sa vie politique trépidante, mais on ne sait pas trop si on est en 2004 ou en 2015. La temporalité est estompée. Les héros principaux y sont des archétypes, mais à part une blague sur Vladimir Poutine, le show ne fait que rarement allusion aux drames que vit la nation depuis deux ans : la dramatique révolution de Maïdan, l'annexion de la Crimée par la Russie et la guerre que le Kremlin inflige à l'Ukraine dans le Donbass par séparatistes interposés. Au début de la première saison, Barack Obama et Angela Merkel saluent l'élection de Vassyl Goloborodko, mais les gags un peu lourdingues n'ont aucune prise sur la réalité. Les téléspectateurs peuvent laisser les drames du Donbass de côté et enfin rire de bon cœur.

Un autre ingrédient : les personnages de *Slouga Narodou* parlent essentiellement en russe, la langue natale et d'usage des promoteurs du projet. Le choix n'est pas anodin. Les producteurs de *Serviteur du peuple* ont tous bâti leur carrière à cheval entre l'Ukraine et la Russie, et pour Kvartal 95, cette dernière et les autres républiques ex-soviétiques sont des marchés porteurs. La série évite d'emblée tout positionnement idéologique, dans un contexte géopolitique extrêmement chargé. Depuis deux décennies, les réalisations audiovisuelles en langue russe dominent le marché ukrainien : elles sont moins chères à produire, elles permettent aux projets de trouver des débouchés dans le monde russophone. Après tout, la porosité linguistique est importante dans ce pays dont la grande majorité des habitants est bilingue, bien que l'ukrainien y ait été adopté comme unique langue nationale après sa déclaration d'indépendance en 1991. *Slouga Narodou* offre le visage d'une Kyiv qui parle russe, ce qui correspond à la réalité, la capitale étant la plus grande métropole russophone du monde hors de Russie, dans un pays dont la perception identitaire est pourtant en train de changer à vitesse grand V.

Ce parti pris linguistique explique pour une part le succès grand public de la série, qui touche particulièrement les générations 40+, dont la vie sociale et familiale, depuis des décennies, se déroule en russe. L'écriture de la sitcom est héritée des codes des vingt années qui ont précédé. Les sujets abordés, les références, les répliques font mouche auprès de l'Ukraine populaire : pas forcément intello, un auditoire non élitiste, issu des régions linguistiquement mixtes du centre et de l'est du territoire national.

Pour les mêmes raisons, *Serviteur du peuple* crée la polémique et déclenche un débat politique. En 2014, l'État ukrainien a en effet adopté une législation qui oblige les productions audiovisuelles financées par le ministère de la Culture et l'Agence nationale du film ukrainien (Derjkino) à n'utiliser que la langue ukrainienne. Les téléfilms et les séries financés par le privé, à l'instar de *Serviteur du peuple*, échappent partiellement à la loi, mais les chaînes ont alors l'obligation de sous-titrer les dialogues en ukrainien. Pour autant, l'humour de *Slouga Narodou* passe moins bien dans les régions de l'Ouest ukrainophone, où les référents culturels et les tournures d'esprits sont différents.

Le sens de l'autodérision dont font preuve les scénaristes de *Serviteur du peuple* hérisse les intellectuels ombrageux et la frange patriotique de la population, qui estime que les promoteurs du projet veulent faire rire au détriment de la société ukrainienne, pour mieux plaire aux grands marchés extérieurs, dont la Russie. Ceux qui rêvent d'un pays moderne, européen, tourné vers l'avenir, ont du mal à se regarder dans un miroir mettant finalement en scène un monde naïf, parfois gentiment médiocre, un corps social apathique, incapable de se prendre en main et qui attend juste un sauveur, surtout quand celui-ci chevauche un simple vélo blanc.

Malgré cela, *Serviteur du peuple* emporte tout sur son passage, car Zelensky et sa bande de scénaristes et de comédiens sont de formidables sociologues du quotidien. La trame de la série intègre avec habileté les innombrables difficultés contre lesquelles se débattent les Ukrainiens, citoyens d'un pays inégalitaire où la classe moyenne commence à peine à émerger. Vassyl Goloborodko représente un président idéal pour cette population qui se plaint tant des oligarques et de la corruption. Sa famille ressemble au peuple qui, face aux difficultés de la vie, à la société de consommation moderne et à la dureté du capitalisme post-soviétique, est passé maître dans l'art des petits arrangements et des combines, à la limite de la légalité. À l'instar de Piotr Goloborodko, le père du héros, qui, une fois son fils élu, promet des postes lucratifs dans l'administration à ses copains et remplace les vieux meubles de son appartement par des dorures de mauvais goût.

Deux mondes savamment caricaturés cohabitent. Dans l'ombre, celui des oligarques, les marionnettistes honnis du jeu politique, dont on ne voit jamais le visage : les limousines noires, les bouches qui s'empiffrent, les gros doigts qui écrasent du caviar noir sur des tranches de pain et le tissu rayé des vestes italiennes. Dans la lumière, celui des Ukrainiens du peuple qui, comme Goloborodko, portent des marcels à la maison, contractent des microcrédits, votent mais se font voler leur vote, veulent changer le système, mais n'y arrivent pas. Par petites touches, la série tape dans le mille, notamment cet épisode de la première saison, hilarant pour quiconque a déjà conduit sur une route d'Ukraine, où le président Goloborodko roule sur un asphalte défoncé et tombe nez à nez avec une brigade de cantonniers qui casse la croûte au lieu de réparer la chaussée. La plantureuse cheffe de chantier, gilet orange fluo sur le dos, foulard traditionnel à fleurs dans les cheveux, explique à Goloborodko que si son équipe chôme, c'est que les gravats ont été volés. Par la suite convoqué par le président, le ministre des Infrastructures est incapable d'expliquer l'état des routes, malgré les soldes colossales qui ont été dilapidées.

Les routes, un thème qui peut fédérer les Ukrainiens de toutes les conditions... Au-delà des critiques, parfois sévères, parfois justifiées, *Serviteur du peuple*, qui tient à la fois de la fable et du conte de fées politique, de la série formatée Netflix et de la sitcom à l'ukrainienne, fait un carton et consacre un visage, celui de Volodymyr Zelensky, qui passe du statut de célèbre humoriste du samedi soir à celui de super star. Depuis des années, les citoyens, désabusés, entre élections, idéaux volés et révolutions, rêvent d'un président normal, à leur image. Zelensky, Kvartal 95 et 1 + 1 viennent d'en créer l'hologramme.

Serviteur de l'oligarque ?

Au générique de *Serviteur du peuple*, il y a un nom qui n'apparaît pas, celui de l'homme qui a sorti le carnet de chèques pour permettre à la série d'exister : Ihor Kolomoïsky. Milliardaire, l'oligarque et propriétaire de la chaîne 1 + 1 qui a diffusé la série est un personnage incontournable de la scène politique et du monde des affaires de ces vingt dernières années. En Ukraine, où la presse écrite est peu développée et n'offre qu'une force de frappe mineure, lorsqu'on est riche et qu'on veut avoir une influence sur les affaires publiques, il faut financer deux objets : une ou plusieurs télévisions, et un ou plusieurs partis politiques.

Il existe dans le pays une trentaine de chaînes de télévision analogiques terrestres, sans compter une pléthore de chaînes câblées thématiques, de télévisions locales à la qualité aléatoire, ainsi que des grandes chaînes d'information internationales, européennes et américaines. L'audiovisuel public a un taux d'audience très faible, souffrant d'un sous-financement chronique. Depuis le déclenchement de la guerre du Donbass en 2014, les chaînes russes, qui ont alimenté le conflit par une propagande permanente, sont interdites sur le territoire.

Depuis une dizaine d'années, une poignée de télévisions se partage la part du lion, dont l'actionnariat correspond au *who's who* des grandes fortunes ukrainiennes, c'est-à-dire le monde des oligarques. La chaîne Ukraïna, leader du marché, appartient à Rinat Akhmetov, l'homme le plus riche du pays, président du club de football du Chakhtar Donetsk, dont la prospérité est issue du charbon, de l'électricité et de la métallurgie. Vient ensuite ICTV, propriété de Viktor Pintchouk, également un magnat de l'acier. Puis 1 + 1, un groupe de huit chaînes dont l'actionnaire majoritaire est Ihor Kolomoïsky.

L'indépendance et la rigueur des journalistes de ces chaînes correspondent strictement aux intérêts politiques et financiers du grand patron, mais leur fonds de commerce est d'une part le sport, et d'autre part le divertissement : les talk-shows, les séries, les films grand public, les émissions de variété, et donc les rendez-vous dédiés à l'humour et à la comédie. Dans ce domaine, 1 + 1 se débrouille plutôt bien, devenant un équivalent ukrainien de TF1 ou de M6 en France, ou de RTL en Allemagne. Toutes les semaines, le grand talk-show politique *Pravo na Vladou* (*Le Droit au pouvoir*) voit s'affronter les grosses têtes politiques. Mais la marque de fabrique de la chaîne, c'est le divertissement. 1 + 1 récupère ainsi les prestigieuses franchises internationales : *Golos Krainy* (*La Voix du pays*), la version locale de *The Voice*, ou bien encore la compétition *Danse avec les stars* remportée en 2006 par un certain... Volodymyr Zelensky, interprétant «Blue Suede Shoes» d'Elvis Presley en costume rose flashy à pattes d'eph.

En 2012, l'homme et sa troupe de comiques de Kvartal 95, déjà connus pour leurs cabarets de variétés sur la chaîne Inter, liée à l'oligarque pro-russe Dmytro Firtash, signent avec Kolomoïsky et rejoignent 1 + 1. Le succès est immédiat. Zelensky et sa bande enchaînent les coups de maître, comme le *Vechirniy Kvartal* (*Le Quartier du soir*), un prime-time de week-end entre cabaret, humour et variété, ou la *Liga Smekha* (*La Ligue du rire*), une compétition de sketches sous forme de ligue d'improvisation, souvent tournée dans des salles de spectacles ou des grandes villes du pays. Kvartal 95 produit également des séries, notamment *Svaty* (*Entremetteurs*), qui narre avec un humour grinçant les travers familiaux du petit peuple ukrainien au tournant des années 2010, et devient le feuilleton le plus populaire en Ukraine, ainsi qu'en Russie.

Le petit écran n'est pas le business principal d'Ihor Kolomoïsky, qui suit néanmoins de très près les prestations de ses nouveaux protégés. À vrai dire, le milliardaire, qui aime l'humour, a lui-même tout d'un personnage de série. Loin de l'image de l'homme d'affaires tiré à quatre épingles, c'est un individu haut en couleur, rigolard, avec un visage tout en rondeurs, que souligne une barbe grise mal taillée. Malgré son immense fortune, il apparaît souvent en tee-shirt informe, assorti d'une veste dépareillée.

Né en 1963 dans une famille juive de Dnipropetrovsk (renommée Dnipro en 2016), une grande ville du centre-est de l'Ukraine reconnue pour son industrie aéronautique et spatiale, Ihor Kolomoïsky obtient en 1985 un diplôme d'ingénieur à l'institut métallurgique Brejnev, spécialité «Génie thermique et Automatisation des fours métallurgiques». Comme le dit si bien le professeur d'histoire Vassyl Goloborodko, Kolomoïsky est l'un de « ces forts en maths qui ne font usage de leur satanée science que pour multiplier leur richesse ».

Un fort en maths qui a pour originalité d'avoir gardé des années 1990, lorsqu'il a constitué le groupe Privat (présent dans la banque, la pétrochimie, la métallurgie, l'agroalimentaire ou le transport aérien), les façons de faire brutales. Dans leur phase d'accumulation sauvage du capital, sitôt après la chute de l'URSS en l'occurrence, les oligarques ukrainiens ont fait équipe avec la pègre, quand ils n'en venaient pas directement. Les règlements de comptes étaient monnaie courante et les conflits se terminaient dans la rue, au fusil-mitrailleur. Une fois leur fortune stabilisée, ceux-ci se sont réinventés, créant des œuvres charitables ou entreprenant des collections d'art moderne sur les conseils des meilleurs cabinets de communication occidentaux. Mais pas Kolomoïsky. Lui a conservé ses méthodes du Far-Est post-soviétique et s'est enfermé dans un personnage grossier et provocateur, volontiers rancunier, qui assassine ses rivaux à coups de jurons.

En avril 2014, la guerre éclate dans le Donbass, lorsqu'un mouvement séparatiste inventé en Russie s'empare des villes de Sloviansk, Kramatorsk, Donetsk et Louhansk. Fragilisé, le nouveau pouvoir à Kyiv a pour priorité absolue de maintenir dans son giron les grandes cités russophones de l'Est, où la Russie tente également de répandre le poison séparatiste, son soi-disant «Printemps russe». Le président intérimaire Oleksandr Tourtchinov nomme Ihor Kolomoïsky gouverneur de sa ville natale. Un pacte politique est alors scellé. Charge à ce dernier de maintenir l'oblast (région) de Dnipropetrovsk sous l'autorité du gouvernement ukrainien en se débarrassant des pro-russes dans la ville, quitte à employer la manière forte.

Le milliardaire investit 10 millions de dollars dans la création du bataillon Dnipro-1, à la lisière entre le régiment de police et la milice nationaliste, qui se caractérisera par ses méthodes expéditives et ses atteintes aux droits de l'homme. Selon plusieurs sources, Kolomoïsky soutient également financièrement d'autres bataillons volontaires nationalistes, comme «Donbass» et «Aidar». En Ukraine, les appartenances politiques sont situationnistes et Kolomoïsky, membre éminent de la communauté juive de Dnipropetrovsk, n'hésite pas à soutenir des milices d'extrême droite. Aux élections nationales, depuis 2014, ces partis n'obtiennent jamais un total de plus de 2% et ne sont pas représentés au Parlement. Néanmoins, durant toutes ces années, la propagande russe développe le mythe d'une Ukraine contrôlée par une «junte fasciste» et par des néonazis. Kolomoïsky, comme toujours, rigole à pleines dents, et enfile un tee-shirt sur lequel il est inscrit «Judéo-bandériste», un néologisme de l'époque soviétique qui marie les Juifs à Stepan Bandera, l'icône controversée du nationalisme clandestin ukrainien des années 1940, qui a un temps collaboré avec les nazis avant de se retourner contre eux.

Durant l'année où il gouverne l'oblast de Dnipropetrovsk, Ihor Kolomoïsky parvient à évincer la petite mouvance pro-russe, grâce à sa méthode forte : arrestations et sans doute éliminations, compromis avec des élus véreux tentés de se vendre aux Russes, pressions sur les réseaux mafieux – et le Printemps russe voulu par Vladimir Poutine fait long feu dans la plupart des villes de l'est du pays. Kolomoïsky gagne ses galons d'oligarque pro-Maïdan et pro-occidental. Seulement, rien n'est gratuit pour cet individu sans foi ni loi, ni arrimage idéologique. Sa seule religion : ses affaires, qu'il entend faire fructifier dans la nouvelle Ukraine, en avalant de nouveaux actifs.

Ihor Kolomoïsky se sent pousser des ailes. Il a placé ses hommes à Kyiv, dans l'administration, à la Verkhovna Rada (Parlement), où plusieurs dizaines de députés vivent de ses largesses. Il contrôle de longue date UkrNafta et UkrTransNafta, deux entreprises pétrolières d'État dont il n'est pourtant qu'un actionnaire minoritaire. Il y encaisse cependant la majorité des bénéfices grâce à un conseil d'administration à sa main. Kolomoïsky et son associé Hennady Boholioubov détiennent

PrivatBank, la première banque du pays, reconnaissable à ses enseignes vertes, et où une majorité d'Ukrainiens (25 millions) ont un compte.

Le pouvoir de Kyiv s'alarme, de même que le Fonds monétaire international (FMI). Petro Porochenko, élu président en mai 2014, s'inquiète des pouvoirs que s'octroie Kolomoïsky à Dnipropetrovsk, où règne une atmosphère de néoféodalisme. Il le démet de son poste de gouverneur le 25 mars 2015, entendant faire le ménage à UkrTransNafta. Ulcéré à l'idée de perdre sa vache à lait, Kolomoïsky fait occuper les locaux de l'entreprise le 23 mars 2015, dans le centre de Kyiv, par des «joueurs de tennis» : des hommes cagoulés, lourdement armés de fusils-mitrailleurs, apportés dissimulés dans des sacs de sport. La police intervient, la situation manque de dégénérer. La nationalisation de PrivatBank, sur pression du FMI, interviendra fin 2016. Selon Valeria Gontareva, l'ancienne gouverneure de la Banque nationale d'Ukraine, Kolomoïsky et ses amis ont piqué 5,5 milliards de dollars dans les caisses, soit 33% des dépôts des épargnants, 40% de la base monétaire et 5% du PIB du pays! L'État devra renflouer la banque à hauteur de 5,9 milliards de dollars.

Mais Kolomoïsky pose un genou à terre et la justice s'intéresse à lui. Avec la perte d'UkrTransNafta, c'est le contrôle de 4500 kilomètres d'oléoducs assurant le transport annuel de 110 millions de tonnes de pétrole en Ukraine qu'il vient de perdre. L'oligarque s'exile, tantôt en Israël, tantôt à Genève où il possède une propriété. Il déclare la guerre à Petro Porochenko. Les chaînes du groupe 1 + 1 malmènent le président en exercice, qui, dès 2015, déçoit les espoirs de la génération Maïdan en enterrant les réformes radicales anticorruption pourtant attendues par la population. Porochenko et son entourage traînent aussi des casseroles. Les journalistes et les humoristes de 1 + 1 s'en emparent. Dans les bureaux de la société de production Kvartal 95, Volodymyr Zelensky et ses scénaristes planchent sur ce qui deviendra *Serviteur du peuple.*

Quelques mois d'écriture, un été de tournage, et *Slouga Narodou* déboule en prime-time le 16 novembre 2015. Le public est au rendez-vous. Seulement, à l'époque, peu comprennent que *Serviteur du peuple* n'est pas qu'une série rigolote et innocente. En réalité, c'est une machine de guerre, une grenade dégoupillée par un oligarque pour en déboulonner un autre.

Le casse électoral du siècle

Nous sommes le 31 décembre 2018. C'est le début des vacances de Noël pour les Ukrainiens.

Depuis plusieurs mois, la classe politique s'agite en vue de la présidentielle d'avril 2019. La cote de popularité de Petro Porochenko est en berne. Il a du mal à mobiliser au-delà de sa base patriotique et conservatrice. En 2016, les Panama Papers ont révélé que l'homme a eu recours, lui aussi, au mécanisme des comptes off-shore pour éloigner sa fortune. L'hiver précédent, Porochenko et sa famille ont passé quelques jours de vacances aux Maldives pour la bagatelle de 500 000 dollars. Depuis l'automne, l'increvable Ioulia Timochenko ne tient pas en place : l'ancienne Première ministre, qui rêve nuit et jour d'être présidente, a déjà truffé la capitale d'affiches électorales. Dans les sondages, elle occupe la seconde place. Mais à part les retraitées de province, sa base électorale, personne n'y croit vraiment. L'Ukraine se dirige tout doucement vers un duel Porochenko-Timochenko, et ça n'emballe personne. Kyiv déprime.

Sur 1 + 1, comme à l'accoutumée, ce sont les comédiens de Kvartal 95 qui animent la soirée du réveillon avec le *Vechirniy Kvartal* spécial nouvel an. Traditionnellement, juste avant les douze coups de minuit, le chef de l'État s'invite sur toutes les chaînes pour présenter ses vœux. Mais cette fois-ci, sur la chaîne de Kolomoïsky, pas de Porochenko… À sa place, en chemise blanche, Volodymyr Zelensky s'avance vers la caméra. «Maintenant, nous avons une situation qui laisse aux Ukrainiens trois voies, déclare-t-il aux téléspectateurs, amusés ou médusés. La première, vivez juste votre vie et restez dans le rang, pas de soucis, c'est votre bon droit. La seconde voie : préparez vos bagages et partez travailler dans un autre pays pour gagner de l'argent que vous expédierez à votre famille et à vos proches. C'est aussi honorable. Il y a une troisième voie : essayez par vous-même de changer quelque chose dans le pays. J'ai choisi cette voie. Depuis quelque temps, on me demande : "Alors t'y vas ou t'y vas pas ? " Maintenant, quelques minutes avant la nouvelle année, je vous fais une promesse : chers Ukrainiens, je vous promets d'être candidat à la présidence de l'Ukraine. Chers Ukrainiens, je vous promets de le devenir. Allez, faisons-le tous ensemble. Bonne année ! »

La vidéo fait le buzz. Mais surtout pour ricaner. Zelensky est certes une star, mais personne ne prend le rigolo de service au sérieux, surtout dans l'*establishment*. Pourtant, il y avait des signaux dans l'air. En décembre 2018, quelques instituts de sondage ont intégré l'hypothèse Zelensky dans leur questionnaire. Surprise : avec 10 % d'intentions de vote, le comédien se classe troisième. La vie politique ukrainienne, démocratique, dynamique, parfois brutale, mais baroque et créative, n'en est pas à un gag près. Cette fois, le dégagisme est là, évident : 42 % des électeurs ne savent pas pour qui voter. « Notre société n'a jamais affiché de soutien fort aux personnalités politiques, l'Ukraine est une société pluraliste, mais perpétuellement déçue de la politique, commente alors Viktor Zamiatine, politologue au centre Razoumkov. C'est positif, car notre pays n'a pas ce caractère patriarcal autoritaire, il y a de la vitalité, de la compétition, mais ça ne pose pas les bases pour la construction de projets politiques clairs. »

En réalité, les Ukrainiens sont à la recherche de leur nouvelle star. Souvent émotionnels politiquement, perpétuellement insatisfaits, ils rêvent d'un homme providentiel. Cet hiver-là, un autre nom fait naître du fantasme : Svyatoslav Vakartchouk, le chanteur du groupe de rock Okean Elzy, dont tous les Ukrainiens connaissent les tubes par cœur depuis vingt ans. Okean Elzy est à l'Ukraine ce que U2 est à l'Irlande, son ADN musical, et Vakartchouk a pour ses compatriotes l'aura de Bruce Springsteen pour les Américains. Serait-ce donc l'heure du chanteur ? Les sondages le créditent régulièrement de 5 à 10 % des voix. Quelques oligarques le rencontrent discrètement. Mais l'idole a un défaut : son caractère velléitaire. Il attend qu'un sondage le propulse en tête, celui-ci ne vient pas. Il ne saisit pas la balle au bond, Volodymyr Zelensky la récupère.

Entre-temps, la série *Serviteur du peuple* a conquis 20 millions de téléspectateurs. Sa seconde saison a été adaptée au cinéma, elle a attiré 800 000 spectateurs en salles, le plus gros succès au box-office ukrainien. Les épisodes totalisent plus de 90 millions de vues sur YouTube, y compris en Russie. En 2018, alors que la pré-campagne présidentielle et ses différents acteurs se mettent en place, la «rumeur Zelensky» est alimentée par des sondages de popularité sous forme de poissons-pilotes dans la presse. La campagne électorale est lancée. En janvier 2019, un premier sondage place Zelensky troisième du scrutin à venir, avec 12%. Un mois plus tard, il devient favori, devant Porochenko, avec 25% des intentions de vote. Le génie de Zelensky et de son équipe est de mener une non-campagne : le comédien continue de vaquer à ses occupations, apparaissant dans des émissions où l'élection est à peine abordée, si ce n'est sous forme de clin d'œil. Les *gastroli*, ces cabarets-concerts de province, font le plein. En février, le comédien tourne même la troisième saison de *Serviteur du peuple* qui, en l'absence de régulation audiovisuelle, est diffusée en prime-time en mars sur 1 + 1, juste avant l'élection.

Serviteur du peuple, saison 3, prend la forme d'un tir aux pigeons : Goloborodko, le président fictif, a été mis en prison par l'usurpatrice Jana Borysenko, le sosie de Ioulia Timochenko. L'*establishment* est descendu en flammes par les scénaristes en roue libre. «C'est du sérial-populisme», hurle un chroniqueur de télévision. Pendant ce temps, Zelensky ne prononce pas un seul discours public. «Vu ce que Porochenko a fait pendant cinq ans, je n'ai qu'à me taire », confie-t-il à un diplomate. Pendant trois mois, Zelensky boycotte la presse ukrainienne ulcérée. Il refuse systématiquement les interviews en tête à tête avec des reporters étrangers.

Les communicants de Zelensky s'évertuent à poster sur les réseaux sociaux des vidéos courtes où le candidat, loin d'apparaître comme l'idiot du village décrit par ses adversaires, assène cependant des banalités comme : «Je voudrais une Ukraine plus riche et plus pure pour nos enfants.» Zelensky devient ainsi une sorte de «Capitaine Évidence» – un sobriquet utilisé en ukrainien comme en russe pour parler de celui qui brasse du vent. Il se met en scène sur Instagram, plateforme très populaire, le cœur nucléaire de cette anti-campagne. On peut l'y voir dans une salle de musculation, à la piscine, en voiture ou en réunion. Au détour d'une vidéo, on apprend vaguement que «le modèle de société estonien [très libéral] est une source d'inspiration» pour lui. En février, le candidat compte 2,7 millions de followers, en avril 5,4 millions. À titre de comparaison, ils sont moins de 1 million à suivre Vladimir Poutine sur Instagram, 1,3 million pour Emmanuel Macron, 2,9 millions pour Justin Trudeau et près de 13 millions pour Donald Trump. «Notre défi est de réveiller les jeunes et de les faire aller voter», précise Dmytro Razoumkov, politologue et directeur de campagne de Zelensky.

«Beaucoup d'Ukrainiens sont frustrés après cinq ans de guerre, de sacrifices et de corruption, analyse Mykhailo Minakov, politologue. Ils ont rejeté le *statu quo* et ont vu le personnage de la série, dont le nom est devenu un manifeste politique, comme quelqu'un de préférable à la réalité politique dure.» En mars 2019, le candidat accepte de déjeuner avec six reporters de médias étrangers (*The New York Times, The Guardian, The Economist, Der Spiegel, Bloomberg* et l'un des deux auteurs de ce livre). Pendant une heure, extrêmement avenant, il multiplie les banalités sur des sujets économiques et politiques, prône une présidence technocratique d'experts… mais Volodymyr Zelensky devient beaucoup plus intéressant lorsqu'il se met à parler de lui-même. «Je m'en excuse par avance, mais je suis un produit, j'ai fondé ma boîte de production, Kvartal 95, qui me vend aussi. Les stars sont désormais des produits, nous confie-t-il sincèrement. Peut-être que les gens pensent que moi et mon personnage à l'écran ne formons qu'un, mais c'est une bonne chose, car le Serviteur du peuple, c'est ce dont on rêve pour notre pays, réfléchit-il tout haut. Est-ce qu'on utilise la série? Oui, bien sûr! Ça fait quinze ans que je produis des messages, je me vois comme un pro dans ce domaine, capable de faire passer ça au niveau de l'État.»

La presse internationale s'affole qu'un clown, comme le nomment les gros titres, un Coluche ou un Beppe Grillo, comparent les Français et les Italiens, puisse devenir président. «Ça me va tout à fait, je ne me sens pas offensé», sourit-il. Quels sont ses modèles? «Il y a quelqu'un que j'aime beaucoup, c'est Emmanuel Macron, livre Zelensky candidement. J'aime [Macron] visuellement. J'ai l'impression qu'on partage quelque chose. Pas seulement des aspects visuels, mais aussi une vision du monde. J'aimerais vraiment beaucoup le rencontrer...»

Dans les coulisses, un visage apparaît : celui d'Andriy Bogdan, un avocat d'affaires au service d'Ihor Kolomoïsky. Après l'élection de Zelensky, ce sulfureux personnage deviendra le premier chef de l'Administration présidentielle, un poste comparable à celui de vice-président. Dans une interview accordée à la journaliste Kristina Berdynskykh, reporter politique à l'hebdomadaire *NV*, Andriy Bogdan explique que c'est devant le succès de la série qu'est née dans l'entourage de Kolomoïsky l'idée de la candidature Zelensky. Et si l'intuition était déjà dans l'idée même de la sitcom? Dans tous les cas, en deux ans d'antenne, «*Serviteur du peuple* a donné de l'espoir aux Ukrainiens», une histoire qu'ils avaient envie d'entendre. «Zelensky n'a rien promis à personne, mais tout le monde comptait sur lui, conceptualise Andriy Bogdan. D'une façon générale, nos technologies politiques en Ukraine reposent toutes sur le fait que les stratèges imposent à la société ce qu'ils doivent penser. Nous, nous avons fait l'inverse : nous avons écouté ce que les gens disaient dans la cuisine et leur avons montré dans la campagne ce qu'ils avaient dans la tête.»

Or, que veulent les Ukrainiens? Nettoyer le pays du fléau de la corruption, limiter l'influence néfaste des oligarques et mettre fin à la guerre qui déchire l'est de l'Ukraine. Le 31 mars, Volodymyr Zelensky obtient 30% des voix au premier tour, contre 16% pour le président sortant, Petro Porochenko, et 13% pour Ioulia Timochenko. Durant l'entre-deux-tours, il doit se résoudre à débattre avec son adversaire principal. Zelensky transforme alors la confrontation en jeux du cirque : il convoque Petro Porochenko à un débat public dans le Stade olympique de Kyiv qui compte 80 000 places. Tous les coups sont permis. Zelensky, qui n'a pas froid aux yeux, somme le chef de l'État de faire un test sanguin avant la bataille, pour prouver qu'il n'est pas un toxicomane. Porochenko encaisse. Dans l'arène, les deux hommes ont rameuté leurs soutiens. Personne ne retient le contenu de la discussion, anecdotique, mais tout le monde gardera en tête le dispositif, la mise en scène. Une fois les candidats réunis, la confrontation tourne à l'avantage de Zelensky : David contre Goliath. Les punchlines de l'acteur font mouche face au milliardaire du chocolat, imbu de sa personne. «Je suis votre verdict!» assène Zelensky à un Porochenko médusé, même s'il sait qu'il va perdre. Malgré Maïdan, malgré sa résistance à la Russie, malgré ses quelques réformes structurelles, le nettoyage du secteur gazier, la décentralisation… Tout ça n'a plus d'importance! L'oligarchie que Vassyl Goloborodko veut détruire, c'est avant tout celle de Petro Porochenko. Pendant des semaines, Zelensky a d'ailleurs plutôt épargné les autres oligarques…

Le 21 avril 2019, Volodymyr Zelensky est élu président par 73% des Ukrainiens, quatre ans après que son hologramme, Vassyl Goloborodko, a été intronisé à la tête d'une Ukraine rêvée par 67% des votants. La réalité a rattrapé la fiction. Yaroslav Hrytsak, un grand historien, professeur émérite à l'université catholique de Lviv, s'inquiète de l'irruption du numérique dans le réel, mais décrit ce qu'il appelle un Maïdan électoral. «En 2010, quand Viktor Ianoukovitch a été élu, j'avais l'impression que l'Ukraine était un avion pris en otage par des bandits, écrit-il. En 2019, elle ressemble à un vaisseau dont le système a été piraté par des hackers.»

3

Kvartal 95

Born in USSR

Au milieu de Kryvyï Rih, une ville sans centre, ou plutôt avec plusieurs centres, il y a une barre d'immeubles d'une douzaine d'étages, typique des métropoles industrielles de l'est de l'Ukraine, déclinaison locale d'un modèle que l'on retrouve aux quatre coins de l'ex-URSS, jusqu'à Vladivostok. L'ensemble est construit dans le style du brutalisme soviétique : des formes cubiques, comme des Lego sans couleur, des angles droits, rythmés de manière monotone par des petites fenêtres alignées au cordeau. Les matériaux extérieurs sont froids au possible et une vieille faïence beige et marron recouvre en partie la façade. Le bâtiment est tellement grand, démesuré, qu'on l'a surnommé la Fourmilière, un peu comme si ses habitants avaient voulu faire un pied de nez aux architectes des années 1970 qui faisaient monter les occupants vers le ciel pour mieux rabaisser le citoyen soviétique à la plus simple condition : celle d'un anonyme parmi d'autres, noyé dans la masse.

Depuis les derniers étages, on aperçoit à l'horizon les cheminées de Kryvorizhstal, l'une des plus grosses usines sidérurgiques du monde, la plus grande d'Ukraine en tout cas : un gigantesque conglomérat qui intègre l'extraction du fer et la fonte du métal. Parfois, les fumées recrachées sont grises, d'autres fois, rouges, ou encore noires. Ou les trois à la fois. Le ciel se teinte alors de couleurs fauves. Expressionnistes. Dans leur attention toute théorique portée au peuple ouvrier qui faisait marcher ces usines, les urbanistes soviétiques n'ont pas lésiné sur les squares, les espaces verts, qui autrefois furent sans doute plus verts. Des places publiques à l'asphalte désormais gondolé par le poids des ans, le manque d'entretien. Sur une photo en noir et blanc, un petit garçon prénommé Vladimir prend la pose, assis sur son vélo, aux côtés d'un blondinet du quartier. Ils ne doivent pas avoir plus de dix ans. Vladimir est tout sourire, de ce sourire qu'on reconnaît encore parfois aujourd'hui au président ukrainien : toujours à l'affût d'un bon mot, prêt à faire la moindre bêtise, pas bien méchante.

Volodymyr Zelensky, alors appelé par la variante russe de son prénom, est né le 25 janvier 1978 dans cette ville grise et austère que l'on appelait encore Kryvoï Rog, dans une famille de scientifiques d'origine juive. L'enfance du jeune garçon se déroule essentiellement dans cette cité-dortoir tellement anonyme qu'on ne la désigne que par un numéro : le Kvartal 95 (Quartier 95), reconstruit dans les années 1950 après les ravages de l'occupation nazie, entre la rue Gagarine et l'avenue des Métallurgistes. Comme sur d'autres clichés de cette période sépia, on sent que les parents de Volodymyr gâtent leur fils unique : il porte de jolis vêtements, à la mode vaguement occidentale, des chemises à carreaux, avec des gilets de bonne facture. Il a même déjà des baskets ! Cela lui donne cet air de gentil garçon, propre sur lui, que l'on retrouve incidemment dans le personnage de Vassyl Goloborodko, dont la maman repasse encore les chemises avant qu'il se rende au lycée pour ses cours.

Tout chez les Zelensky respire la bonne famille soviétique, sans histoire, honnête et dévouée. Rimma Vladimirna Zelenska, la mère de Vladimir, est ingénieure de formation. Alexander Semyonovitch Zelensky, son père, est mathématicien, docteur en sciences, professeur et dirigeant du département Informatique et Cybernétique de l'université d'État d'économie et de technologie de Kryvyï Rih. Pointure reconnue dans son domaine, il a travaillé en Mongolie durant vingt ans, dans la ville d'Erdenet, en tant qu'attaché à la construction d'une usine d'extraction et de traitement de cuivre. Volodymyr passe ainsi quatre ans à Erdenet.

Il y effectue l'équivalent du cours préparatoire, avant de revenir à Kryvyï Rih, à l'école n° 95. Comme tout enfant de famille éduqué à la mode soviétique, il s'adonne à de multiples activités : la lutte gréco-romaine et l'haltérophilie notamment, une passion qui ne le quittera pas, le président actuel adorant poster des selfies sur Instagram depuis la salle de sport. Il collectionne les timbres, pratique le piano, apprend les danses de salon, joue au basket, tant que sa petite taille n'est pas un handicap. Il se met à gratter de la guitare.

Une famille presque parfaite, dans cette société soviétique tellement conformiste. À l'époque, il ne fait pas bon mettre ses origines juives en avant : depuis le «complot des blouses blanches» qui a éclaté sous Staline en 1953, l'antisémitisme est une réalité ancrée. En Ukraine, les familles juives ayant survécu à la Seconde Guerre mondiale font tout pour passer inaperçues, quitte à modifier à la marge leur nom de famille. «Je suis issu d'une famille typique de Juifs sophistiqués des années 1980, déclare-t-il en 2020, précisant que ses parents n'étaient pas religieux, parce que la religion n'existait pas dans l'État soviétique en tant que tel.» Fin mars 2019, l'écrivain français Bernard-Henri Lévy vient à Kyiv pour rencontrer Volodymyr Zelensky, entre les deux tours de la présidentielle. Lorsque l'essayiste l'interroge sur sa judéité, le candidat rechigne à se livrer. «Le fait que je sois Juif arrive à peine en vingtième position dans ma longue liste de défauts», assène l'humoriste.

L'anecdote prend tout son sens lorsque l'on sait qu'en 2019, l'Ukraine était le seul pays au monde avec Israël à compter deux dirigeants juifs : le Premier ministre sortant, Volodymyr Hroïsman, et le nouveau président, Volodymyr Zelensky. La propagande russe sur la «junte fasciste» au pouvoir dans le pays bat son plein depuis 2014, et en février 2022, Vladimir Poutine justifiera l'invasion du territoire par la nécessité de le «dénazifier», occultant le fait qu'en 2018, un jeune Ukrainien russophone d'origine juive a été élu par 73 % de ses compatriotes sans que son appartenance ethno-religieuse ne pose problème une seconde, même dans la mouvance nationaliste ukrainienne.

Une fois élu, Volodymyr Zelensky reste discret sur son identité familiale, qu'il n'évoque que par petites touches impressionnistes. Durant la grande guerre patriotique, 7 millions d'Ukrainiens se sont battus dans les rangs de l'Armée soviétique, tandis qu'ils sont près de 20 000 à avoir intégré les rangs de la Wehrmacht ou de la SS. L'armée insurrectionnelle ukrainienne (UPA) de Stepan Bandera, la branche armée de l'Organisation des nationalistes ukrainiens (OUN), 100 000 hommes, a collaboré un temps avec les nazis, avant de se retourner à la fois contre eux et contre les

Soviétiques[1]. À la relecture que propose le Kremlin de cette histoire complexe, Zelensky oppose un simple récit familial : son grand-père, Semyon Zelensky, a été décoré à deux reprises de l'ordre de l'Étoile rouge, tandis que son arrière-grand-père et trois grands-oncles ont été abattus d'une balle dans la tête par les *Einsatzgruppen* nazis.

Dans les années 1980, alors que le futur président n'est pas encore un adolescent, Kryvyï Rih périclite. Elle ne ressemble plus qu'à un étirement gigantesque de cités-dortoirs ouvrières sur 67 kilomètres : c'est tout simplement la plus longue ville d'Europe ! Depuis le XIXe siècle, un urbanisme de circonstance, sans cohérence, épouse les contours des puits de mines, au-dessus d'un des plus importants bassins de minerai de fer au monde. Kryvyï Rih, à l'origine une colonie économique de peuplement qui attirait des populations désœuvrées de tout l'Empire russe, ne devient une ville que dans les années 1920. Son essor est impulsé par les plans quinquennaux de Staline. Massivement détruite lors de l'occupation allemande de 1941 à 1944, la cité renoue avec la prospérité après-guerre, au point de devenir l'un des plus grands centres miniers d'URSS, d'où est extraite près de la moitié du minerai de fer soviétique.

---

1. Cf. Serhii Plokhy, *The Gates of Europe*, Allen Lane, 2015, pp. 282-284.

Ils sont deux bassins économiques aux sociologies similaires à prospérer en Ukraine du Sud-Est : le Donbass, autour de Donetsk et de ses mines de charbon, et le Kryvbass, autour de Kryvyï Rih, vivant des mines de fer et de la métallurgie. Au milieu, il y a Zaporijjia et ses gigantesques combinats métallurgiques et automobiles. Dans ces bastions prolétaires densément peuplés, les habitants des campagnes ont abandonné la langue ukrainienne en rentrant à l'usine pour embrasser à pleine bouche la langue russe. S'y épanouit la «civilisation de l'homme rouge», cette culture commune russophone, qui relègue l'identité ukrainienne dans les villages et hameaux où, sous la chape de plomb du régime soviétique, la conscience nationale se transmet discrètement, de génération en génération.

Une autre sous-couche historique et culturelle imprègne Kryvyï Rih, terre des confins reliant l'Europe centrale à la Russie : la mémoire des cosaques zaporogues. Ces guerriers libres et habiles navigateurs ont érigé leur forteresse capitale, la *Sitch*, sur une île, au milieu des eaux tumultueuses du Dniepr, à l'emplacement de la Zaporijjia moderne. Ils installent un comptoir un peu plus à l'ouest, au bord de la rivière Ingoulets, où se développe au XVIIIᵉ siècle Kryvyï Rih. Paysans devenus mercenaires pour échapper aux corvées des seigneurs polonais, les cosaques développent une conscience nationale ukrainienne, chérissant avant tout la notion de liberté, ainsi qu'une organisation politique originale, horizontale, voire pré-démocratique, en vertu de laquelle les guerriers de la base peuvent démettre leur *hetman* (chef) lors d'une *vishé* (assemblée), si celui-ci ne les convainc pas. En 1775, l'impératrice Catherine II soumet les cosaques, détruit la *Sitch*, ainsi que le hetmanat, le premier État ukrainien pré-moderne. Plus ou moins consciemment, les Ukrainiens, épris de liberté en 2014, reconstitueront une *Sitch* à Maïdan et y organiseront des *vishé*, préludes à la destitution du président prorusse Viktor Ianoukovitch.

Le parcours personnel de Volodymyr Zelensky est donc à la confluence de ces deux mémoires, sur des terres de fracture, où se mélangent les peuples, les cultures et les langues. Il grandit sur les « terres de sang » que décrit l'historien américain Timothy Snyder dans son ouvrage magistral sur cette partie de l'Europe où, entre 1933 et 1953, sont entrés en collision deux totalitarismes : le stalinisme et le nazisme. L'Ukraine du centre et sa partie méridionale ont connu deux drames modernes qui hantent la mémoire ukrainienne. Tout d'abord l'Holodomor, la famine artificielle provoquée par Staline en 1932 et 1933 pour financer l'industrialisation, mais aussi pour éliminer la paysannerie ukrainienne, berceau de conscience nationale. Entre 4 et 7 millions d'habitants périrent de faim lors de cette période, qualifiée dans le pays de génocide soviétique couplé à une élimination radicale de la classe intellectuelle ukrainienne. Il faut y ajouter la Shoah par balles lors de laquelle, à Kryvyï Rih, les nazis ne prirent pas la peine de fusiller les enfants juifs, les jetant vivants au fond des puits des mines de fer.

En tant qu'elle est le précipité de toutes ces expériences historiques fondatrices et discordantes, à la lisière (*krai*) entre les empires, l'identité ukrainienne moderne est plurielle. Kryvyï Rih est à la jonction des mondes, des périodes et des influences : quelque part au centre de l'Ukraine qui regarde vers la Pologne, celle qui, autrefois, se tournait vers la Russie, et ces steppes du Sud baignées de l'Orient ottoman de la mer Noire. Si Moscou a historiquement considéré l'Ukraine comme une « Petite Russie » (Malorossiya), Kryvyï Rih, deuxième plus grande ville de la région de Dnipro, est au cœur de ce que le Kremlin a envisagé en 2014 comme la Novorossiya (Nouvelle Russie), une entité héritée d'un concept du XVIIIᵉ siècle, rassemblant dans une extension de l'empire les terres russophones d'Ukraine, englobant non seulement le Donbass, mais aussi Kharkiv, Dnipro, Zaporijjia, Kherson, Mykolaïv et bien sûr Odessa. Pour Vladimir Poutine, le contrôle de ces contrées et de leurs âmes est essentiel. « Les frontières de la Russie ne s'arrêtent nulle part », déclare le maître du Kremlin en 2016 devant des étudiants en géographie. Pour lui, Kryvyï Rih, c'est la Russie, les

Ukrainiens et les Russes sont un seul et même peuple, et Kyiv est la mère des villes russes. Un concept mythifié qu'il est prêt à faire renaître en l'imposant avec des chars. Comme en Géorgie en 2008, dans le Donbass en 2014 et dans toute l'Ukraine, depuis le 24 février, à 5 h 45 du matin...

À la fin des années 1990, Volodymyr Zelensky est encore très loin de ces considérations. Le jeune garçon tente de jouer des coudes dans la jungle de la cité-dortoir. Depuis le milieu des années 1980, la ville industrielle en déclin est ravagée par une guerre des gangs qui en fait l'une des plus criminogènes de toute l'ex-Union soviétique. À Kryvyï Rih se déchaîne la «guerre des Coureurs», un phéno-mène spécifique : des affrontements d'une violence inouïe entre des groupes d'adolescents nihilistes, qui mènent des raids contre les bandes rivales avec des armes à feu, des grenades et des couteaux, avant de s'enfuir en courant. En quelques années, 28 adolescents sont tués et plus de 2 000 blessés, pris au milieu de cette guerre de hooligans. «Les coureurs n'étaient ni gauchistes, ni droitiers, ni anarchistes, ni néonazis, il s'agissait d'une ultraviolence pure. Kryvyï Rih vivait à l'heure d'*Orange mécanique*», raconte le journaliste Samuil Proskouryakov, originaire de la ville, qui a longtemps travaillé sur le phénomène.

«Kryvyï Rih était une ville criminelle, violente, et nous, on avait l'air de garçons différents, plutôt des rockeurs, confirme Vadim Pereverziev, un ami de jeunesse de Volodymyr Zelensky. Avec Vova [diminutif de Volodymyr en russe], on s'est rencontrés dans les années lycée, en cours d'anglais, et on est devenus copains en fumant des clopes ensemble, se remémore Vadim. Puis on a créé un groupe de rock, on faisait des reprises des Beatles, d'Eagles ou de Kino.» En Ukraine, dans les années qui suivent la transition, tout le monde reprend à la guitare les tubes de Viktor Tsoï, le chanteur du groupe mythique Kino. Sa chanson «Peremen» («Changement»), reprise fin 2011 à Moscou lors des grandes manifestations de Bolotnaïa pour protester contre les fraudes lors des élections parlementaires, est devenue dans l'ancien espace soviétique l'hymne des contestations contre les régimes autoritaires. Mais dès ces années-là, Volodymyr Zelensky développe une passion, même plus, une obsession, pour MC Hammer, le rappeur californien, dont il connaît toutes les chansons par cœur et adopte les mimiques et déhanchements.

En 1994, Volodymyr Zelensky, Vadim Pereverziev et quelques autres copains de la classe de onzième (l'équivalent de la première au lycée) créent une troupe de théâtre amateur. «Comment ça marchait? On faisait d'abord des brainstorms et on partait pour dix minutes de blagues improvisées sur tout et n'importe quoi, explique Vadim Pereverziev. L'humour était alors une forme de protestation, c'était des années de changements profonds et on pouvait enfin dire tout haut des choses qu'on n'aurait jamais osé dire durant les années soviétiques.» Chanter, danser, faire des blagues, la vie, quoi! Volodymyr Zelensky et ses potes baptisent leur troupe le Kvartal 95, du nom du quartier qui les a vus grandir, privilégiant le rire pour échapper à la violence ambiante. Ils ne savent pas encore qu'ils viennent de créer l'un des plus puissants groupes audiovisuels du monde post-soviétique, qui mènera Zelensky jusque dans les arcanes du pouvoir.

Rire russe

C'est donc dans le petit quatre-pièces de la Fourmilière que la vocation de comédien de Volodymyr Zelensky prend forme. «Vova était déjà un leader, un moteur, c'était celui qui prenait les initiatives, et surtout, c'était déjà une brute de boulot, j'ai rarement vu ça dans ma vie», se souvient Vadim Pereverziev, toujours scénariste, en 2022, à Kvartal 95. La bande du lycée migre à la faculté de droit de Kryvyï Rih, mais s'investit beaucoup plus dans les spectacles de sa troupe que dans l'apprentissage des textes de loi. Zelensky et sa bande ambitionnent de participer au *KVN*, le jeu télévisé le plus célèbre des années soviétiques et de la période de transition, en formant l'équipe qui représentera leur ville. Le groupe écrit et répète sur le vieux canapé du salon des Zelensky ou dans leur petite cuisine aux rideaux roses.

KVN, un acronyme signifiant Kloub Veselykh i Nakhodtchivykh (le Club des joyeux et des ingénieux), a été créé à la télévision de Moscou en 1961, lors de la période de dégel post-stalinienne, sous Nikita Khrouchtchev, quand les dirigeants soviétiques s'étaient laissés convaincre qu'il fallait un peu dérider les adeptes du petit écran naissant. Le principe est simple : des équipes, souvent issues des universités, et en particulier des filières scientifiques, s'affrontent en répondant à des questions sous forme de courts sketches comiques improvisés. Le genre fait fureur dans les années 1960. En 1971, alors que l'URSS s'enkyste sous la direction de Leonid Brejnev et des cacochymes du parti communiste, le *KVN* est interrompu, laissant un souvenir ému dans les mémoires du peuple soviétique. L'émission est relancée en 1986, au début de la Perestroïka, la période de réformes économiques et sociales inaugurée par Mikhaïl Gorbatchev. Toutes les républiques, des pays baltes à l'Asie centrale, en passant par la Russie, bien sûr, ont leurs équipes. Après la désintégration de l'URSS en 1991, le programme se maintient et le Kremlin s'appuie sur son succès au-delà des frontières russes pour conserver un pouvoir d'attraction culturelle. Le *KVN* devient un outil de soft-power, qui permet de cultiver, au-delà de l'éclatement des liens politiques, le sentiment d'appartenir au même monde, le «monde russe».

En 1997, Volodymyr Zelensky et quelques autres fondent leur équipe, appelée Zaporojié-Kryvoï Rog-Transit, née de la fusion entre le groupe de l'Institut médical d'État de Zaporijjia et celui des Kryvoï Rog Punks. Très vite, la nouvelle bande fait le buzz et s'impose comme l'une des meilleures d'Ukraine. «En 1998, on a été invités à Sotchi, au championnat *KVN*, pour se confronter aux 300 meilleures équipes du monde, et on a tout cassé», rigole encore Vadim Pereverziev. Les garçons de Kryvyï Rih rivalisent avec les stars de l'équipe *KVN* de Saint-Pétersbourg, avec lesquelles ils ferraillent devant les caméras de Moscou. «On était tous d'une ville ouvrière, des enfants pauvres, ça se voyait rien qu'à nos vêtements, dit Pereverziev. Je crois qu'on était les meilleurs, en tout cas, Vova [Zelensky] était le meilleur.» Ce dernier n'est pas tout à fait le patron de Zaporojié-Kryvoï Rog-Transit, mais très vite, il monte une équipe dont il est le leader, qui porte encore une fois le nom de Kvartal 95. Sous la houlette du capitaine Zelensky, la joyeuse bande de Kryvyï Rih accède à la ligue supérieure du jeu télévisé, un système organisé avec des divisions, comme des championnats de football.

En 2002, Kvartal 95 est demi-finaliste de la grande compétition *KVN*. Zelensky et ses copains s'installent quelque temps dans un appartement à Moscou et accèdent à la célébrité dans la plupart des pays de la communauté des États indépendants (CEI), l'organisation politique intergouvernementale créée par le Kremlin pour garder un semblant d'unité entre les ex-républiques soviétiques. Le *KVN*, c'est alors un peu la CEI du rire. Les projets pleuvent, mais en 2003, la bande de Kvartal 95 décide de les mener à Kyiv, où un écosystème audiovisuel commence à se développer indépendamment de celui de Moscou. Kvartal 95 se lance alors à l'assaut de la capitale ukrainienne. En cours de route, Volodymyr Zelensky a oublié de terminer ses études de droit, il ne sera pas l'avocat qu'il imaginait devenir, mais il va bientôt développer des talents de redoutable homme d'affaires.

Lors de ses premiers passages à la télévision russe, il fait déjà preuve d'une belle aptitude à la danse, mais surtout d'un talent inné à faire l'imbécile. Dans un sketch de 2001 resté dans les mémoires et intitulé «L'homme né pour la danse», le futur président enchaîne déhanchements de twist, galops de French cancan, génuflexions en mode «Lac des cygnes» et pas de danses traditionnelles caucasiennes. Une vraie performance exécutée à cent à l'heure avec brio, en pantalon de cuir moulant et tee-shirt noir bien serré. Le public de *KVN* exulte. Les dames étouffent leurs rires dans le cou de leurs époux, qui, eux, se tapent sur les cuisses.

Mais «L'homme né pour la danse» n'hésite pas à faire descendre le niveau de ses blagues au-dessous de la ceinture, transgressant les usages un peu codifiés et les habitudes de *KVN*. L'étroitesse du pantalon de cuir au niveau de l'entrejambe s'avère dans ces cas-là généralement utile. Tout au long de sa carrière comique, avec *KVN* et dans ses projets ultérieurs, Volodymyr Zelensky n'hésite pas à jouer la carte de l'humour grivois : pantalons qui tombent, mouvements de reins suggestifs, coups de fesses malheureux. Un jour, Zelensky, caché derrière un piano, interprète la figure d'un Juif traditionnel, le pantalon sur les chevilles et les mains en l'air. Le référent sexuel n'est bien sûr pas spécifique à cette région du monde, mais à cette époque, c'est un code partagé par la culture populaire russe et l'humour de l'Ukraine post-soviétique, des mondes qui ne se différencient guère encore. Les deux pays regardent les mêmes programmes, comme *Pole Tchoudes* (littéralement, *Le Champ des miracles*, l'équivalent de *La Roue de la fortune*), les mêmes films, écoutent le même rock, Kino en tête, la même pop, l'*estradnaïa mouzika* (la musique d'estrade).

Pour Vladimir Poutine, la chute de l'URSS est «la plus grande catastrophe géopolitique du XXe siècle» et tous les moyens sont bons pour reconstituer l'empire. L'ancien agent du KGB de Dresde n'est pas connu pour son sens de l'humour, mais ce n'est pas un hasard si, en 2001, il se rend en personne dans les studios de la première chaîne russe pour fêter les cinquante ans de l'émission. Grâce à *KVN*, c'est encore et toujours à Moscou que des équipes de comiques des républiques désormais indépendantes viennent chercher le succès, les paillettes et de juteux contrats. L'univers *KVN* est un moyen pour Moscou de projeter sa vision géopolitique, de l'imprimer dans l'esprit de millions de citoyens des républiques post-soviétiques comme un fait établi.

Ainsi, en 2004, le grand vainqueur de la compétition est le groupe de l'université d'État de Soukhoumi, la capitale de l'Abkhazie, cette république non reconnue qui a fait sécession de la Géorgie en 1993 grâce au soutien militaire russe. Pour assurer la victoire des Abkhazes, la direction de *KVN* met à leur disposition ses meilleurs scénaristes, tandis que le Kremlin lance une campagne de distribution de passeports russes aux habitants de la province, sur les bords de la mer Noire, préparant le terrain pour une future agression contre la Géorgie. Aux yeux de Moscou, la télévision est une arme qui permet d'atteindre des objectifs politiques, comme le prouveront les événements du Donbass en 2014, ainsi que le lavage de cerveaux qui préparera les esprits russes à l'invasion de l'Ukraine en février 2022.

L'ADN de l'humour de Zelensky et de Kvartal 95 est fortement inspiré par Moscou, prisonnier de ses codes et références. Les producteurs qui propulsent Zelensky et d'autres sont russes, ou bien ukrainiens, mais ils ont travaillé dans les studios de Moscou, ou travaillent pour des chaînes russes. Dans les années 2000, l'usage de l'ukrainien se développe à Kyiv et un autre référent culturel est en gestation. L'humour en langue ukrainienne existe aussi, mais il est un brin plus chaste, plus lyrique et connecté à l'univers des lettres. Le rire est également une arme politique, et les blagues de Zelensky et des avatars de *KVN* commencent à irriter la jeunesse éduquée du pays, qui aspire à d'autres modèles. « Zelensky, c'est celui que je regardais tous les week-ends avec mes parents sur le canapé de l'appartement familial, quand je rentrais. À l'époque, c'était sympa et subversif, confie Ilya Kozyrev, un informaticien de trente-cinq ans. Mais au fil du temps, le niveau des sketches a commencé à baisser, et à un moment, c'est devenu franchement vulgaire. » Mécaniquement, l'âge moyen de l'audience de Kvartal 95 commence à s'élever. Les jeunes des années 1990 prennent des cheveux blancs, mais continuent de plébisciter les joyeux lurons qui leur rappellent le bon temps.

Régulièrement, Kvartal 95 accouche de sketches qui créent des scandales à Kyiv ou à Lviv, où l'on ne badine pas avec l'identité ukrainienne. Une partie de l'opinion ne pardonnera jamais à l'équipe de Zelensky une blague douteuse sur l'Holodomor. Un jour, ils comparent l'Ukraine à une actrice porno allemande. En décembre 2013, juste après que les Berkout (forces spéciales de la police sous la présidence de Viktor Ianoukovitch) ont brutalisé des centaines d'étudiants au début du mouvement de Maïdan, les joyeux lurons se demandent si cela produira de l'électricité statique que d'essuyer les matraques des policiers sur le dos des manifestants.

Zelensky est avant tout le produit d'une ère et d'un espace : les années 1990 et 2000 en Ukraine du Sud-Est, lors desquelles les liens au voisin russe sont encore très forts, et où l'Ukraine de l'Est, russophone, a du mal à communiquer avec celle de l'Ouest, de langue ukrainienne. Les familles mixtes russo-ukrainiennes sont nombreuses, les marchés économiques sont puissamment interconnectés, la Russie et ses consultants politiques exercent toujours une emprise très forte à Kyiv. Zelensky s'excusera, parfois. Mais dans les années qui suivront la révolution de Maïdan, une partie de l'opinion, conservatrice ou euro-libérale ne lui pardonnera pas ses excès, celle-là même qui refusera l'idée d'avoir un clown pro-russe comme président.

Pourtant, l'humour de Kvartal 95 n'a jamais été réellement pro-russe : les sketchs moquant la Russie ont été très nombreux. Lors des élections présidentielles russes de 2018, les comédiens déclarent que « le seul suspense est de savoir si Poutine 2018 aura plus de voix que Poutine 2012 ». En Ukraine, depuis l'indépendance, la télévision se caractérise par un pluralisme féroce et une liberté de parole qui n'a rien à voir avec le modèle qui se développe en Russie après l'élection de Vladimir Poutine. Les deux sociétés divergent désormais durablement. Mais Volodymyr Zelensky est issu d'un monde où les deux pays communiquent par les écrans et dans les salles de spectacle : les copains pop stars de Zelensky tournent à Minsk, à Moscou et à Saint-Pétersbourg et, l'été, se produisent dans les clubs de plage de Crimée. En 2014, après l'annexion de la péninsule par les petits hommes verts, ces soldats russes sans insignes, tandis que les ingrédients d'une tragédie se mettent en place dans le Donbass, Volodymyr Zelensky se livre à une scène stupéfiante : à la télévision, il se déclare prêt à s'agenouiller devant Vladimir Poutine, suppliant ce dernier de ne pas attaquer l'Ukraine. Ce geste restera dans les esprits et refera surface, notamment au moment où les deux hommes s'apprêtent à se rencontrer pour la première fois en décembre 2019...

La cassure

Nous sommes le 27 mars 2022. Cela fait plus d'un mois que l'Ukraine résiste avec acharnement à l'invasion russe. Le président Volodymyr Zelensky accorde une longue interview, sur Zoom, à cinq journalistes russes d'opposition réputés, eux-mêmes exilés depuis quelques semaines. Zelensky ne s'adresse plus aux citoyens du pays voisin pour faire des blagues, désormais, c'est le chef suprême des armées d'un pays en guerre qui leur parle. Il est habillé d'un tee-shirt kaki à manches courtes devenu iconique, il arbore une barbe de plusieurs jours. Son teint est blafard et il a des cernes creusés. De temps à autre, il plonge la tête dans le creux de ses mains, tout en continuant à répondre aux questions. L'entretien d'une heure et demie se déroule en russe, sa langue maternelle. Malgré une nuit blanche, il ne commet pas de fautes de construction, le vocabulaire employé est précis.

À quelques reprises cependant, le russophone de Kryvyï Rih cherche ses mots. Alors qu'il évoque la catastrophe humanitaire en cours à Marioupol, le mot «médicament», en russe, lui échappe. «*Liky... Liky...* Comment dit-on déjà?» demande-t-il en s'adressant à son porte-parole hors cadre. «*Lekartsvo*», souffle ce dernier. Cette hésitation interpelle : comment Zelensky a-t-il pu oublier un mot russe aussi simple? L'acteur veut-il faire comprendre au public russe qu'il lui est désormais étranger? Le président en guerre est-il juste épuisé? Interrogée, une journaliste politique ukrainienne réputée estime que Zelensky ne joue pas, qu'il est désormais 100% Ukrainien et qu'il parle ukrainien toute la journée. Nous ne sommes plus en 2019 où, en campagne électorale, le candidat se filmait à la salle de sport, butant sur les mots les plus compliqués de la langue ukrainienne.

Depuis qu'il est président, Volodymyr Zelensky ne parle plus qu'ukrainien en public, privilégiant la langue d'État, sauf à de très rares occasions, quand il veut s'adresser au peuple russe. Pourtant, jusqu'à 2019, il maîtrisait encore imparfaitement la langue nationale, suscitant des sarcasmes dans les milieux lettrés. Zelensky a certes appris l'ukrainien à l'école n° 95, mais sa famille et son milieu professionnels sont russophones. Acteur, devant songer à tourner en ukrainien, il a pris des cours particuliers avec le linguiste Oleksandr Avramenko, qui se souvient d'un élève indiscipliné durant les deux années où il a dû le guider dans la grammaire du poète national Taras Chevtchenko. Les cours avaient lieu sur le toit de l'immeuble, plat de cerises sur la table. Zelensky séchait régulièrement et ne donnait pas de signes de vie pendant plusieurs mois parfois.

En décembre 2018, Kvartal 95 sort en salles le nouveau film de Volodymyr Zelensky, *Je, tu, il, elle,* une comédie romantique soutenue pour la première fois financièrement par la très ombrageuse Agence nationale du film ukrainien (Derjkino), qui impose aux producteurs d'utiliser la langue nationale. Zelensky a pris l'argent, mais tourne le film en russe, le doublant dans un ukrainien incompréhensible. Les critiques sont atterrés par les dialogues, Zelensky fait profil bas. Mais le film, produit par Volodymyr Zelensky, réalisé par Volodymyr Zelensky, avec Volodymyr Zelensky dans le rôle principal, devient l'un des plus rentables de l'histoire du cinéma ukrainien.

La propagande russe décrit l'Ukraine comme un régime oppresseur, dans lequel parler russe est interdit, et qui mène une politique «génocidaire» envers les populations du Donbass. Il n'y a rien de plus faux. Diverses études sociologiques montrent qu'environ la moitié des citoyens du pays parlent ukrainien à la maison, un quart y parlent autant ukrainien que russe et un quart exclusivement russe. En trente ans, le nombre de locuteurs de l'ukrainien a augmenté de 30 % et il existe une forte demande pour utiliser cette langue, ce qui a poussé l'État, en 2021, à l'imposer dans la presse écrite, sans pour autant interdire le russe, que l'on entend partout dans le pays, et surtout à Kyiv.

Pourtant, Moscou n'a de cesse d'instrumentaliser la question linguistique et d'en faire un *casus belli* : la langue, et sa place dans l'espace public, est un sujet de discussions vives en Ukraine, comme ailleurs en Europe, mais en aucun cas un déterminant de conflit ethnique ou national. En 2022, Vladimir Poutine estime qu'un éventuel accord mettant un terme à la guerre russo-ukrainienne doit inclure un «statut protégeant» la langue russe en Ukraine. Le 27 mars, en russe, Zelensky lui répond du tac au tac : «En Ukraine, on parle tous comme on veut, et dans n'importe quelle langue, arrêtez de jouer. Si vous voulez une école russe, si quelqu'un veut étudier en russe, ouvrez une école privée, s'il vous plaît, mais à une condition : vous l'ouvrez avec nous, nous l'ouvrons avec vous. Quelle attitude voulons-nous vis-à-vis de la langue russe ? C'est votre langue, la langue officielle de la fédération de Russie, tout doit être juste. Respectez-nous et respectez notre langue d'État, l'ukrainien, et c'est tout. Il n'est pas nécessaire que vous disiez que c'est la langue des analphabètes. »

Il s'agit là pour le Kremlin, bien entendu, d'un prétexte. Le problème de fond, c'est le refus de Vladimir Poutine de reconnaître à l'Ukraine son droit à l'existence en tant qu'État-nation, alors que trente ans après son indépendance, le pays, dirigé pour la première fois par une génération qui n'a pas connu l'Union soviétique, tente de créer un modèle de citoyenneté incluante, qui transcende les appartenances ethniques ou linguistiques, pour rassembler autour de valeurs civiques et d'un patriotisme constitutionnel, baigné de valeurs européennes. Les Ukrainiens, *a contrario*, rejettent en masse le modèle russe, son autoritarisme, l'encadrement de sa population et sa propagande permanente. Le 22 février 2022, Vladimir Poutine prononce un discours d'une violence inouïe, prélude à la guerre, dans lequel il nie l'existence même de l'Ukraine, inventée selon lui par Lénine. Il appelle à régler la question ukrainienne pour les générations à venir. Il ne s'agit plus de langue, mais, ni plus ni moins, d'éliminer une nation de la carte de l'Europe.

L'erreur fondamentale du pouvoir russe est d'assimiler le fait de parler russe à une russophilie ou même une appartenance à la nation russe. Le Kremlin, aveuglé, ne voit pas que l'Ukraine est le pays le plus bilingue d'Europe. L'une des faces cachées de la révolution de Maïdan en 2014 est l'éveil de la jeunesse des régions de l'est de l'Ukraine à l'identité ukrainienne et son adhésion massive au principe d'une Ukraine unie, parfois même quand ses propres grands-parents de Donetsk ou de Marioupol nourrissent une nostalgie de la période soviétique.

En apportant la guerre sur les terres du Donbass en 2014, Poutine n'a fait que renforcer le sentiment national ukrainien, l'aspiration profonde à la liberté, quels que soient les choix de vie, une volonté d'améliorer le quotidien, en optant pour le modèle de développement européen, par-delà les supposés clivages linguistiques. Cela explique partiellement les scènes que les Européens ont découvertes, stupéfaits, en mars 2022, lorsque des courageux habitants de Kherson ou Melitopol, dans le sud-est de l'Ukraine, ont osé descendre en masse dans leurs villes, non pas pour accueillir les soldats russes avec des fleurs, mais pour leur hurler : «*Domoï,*

domoï! Slava Ukraïni!» (À la maison, à la maison!
Gloire à l'Ukraine!).

Pour Volodymyr Zelensky, la cassure est profonde. «Depuis le 24 février, nos relations avec
la fédération de Russie ont empiré très fortement,
elles ont perdu leur composante émotionnelle avec
le peuple russe, même avec le peuple», confie-t-il
encore sur Zoom aux cinq journalistes russes le
27 mars 2022. Depuis l'éclatement de la guerre, le
choc émotionnel est tel que des adultes qui ont
parlé russe depuis leur prime enfance décident, du
jour au lendemain, de ne plus s'exprimer dans
la langue de l'agresseur. Dans le cas d'un homme
comme Volodymyr Zelensky, il s'agit d'un véritable tournant personnel pour couper les ponts, lui
qui a tant de liens avec la Russie. En 2004, les
employés de Kvartal 95 s'écharpaient au bureau, la
moitié d'entre eux soutenant la révolution orange,
pro-européenne, et l'autre moitié étant plutôt du
côté du pro-russe Ianoukovitch. En 2014, l'affaire
était déjà pliée : «Entre-temps, on était tous devenus des Kiéviens, et quand la révolution a éclaté
fin 2013, on était tous pour Maïdan», confie un
proche du président. Zelensky, lui, semblait alors
peu concerné par Maïdan, se tenant à une distance
critique, comme si l'idéalisme et la conclusion
violente de la «révolution de la Dignité» le cho-
quaient. «Il ne faudra plus de Maïdan, c'est ça que
vous voulez», paraphrasera-t-il souvent.

Mais la Russie est allée trop loin, et elle a retourné les derniers Ukrainiens qui la regardaient encore avec les yeux de Chimène. «En 2014, quand tout a commencé dans les régions russophones du territoire, on avait l'espoir que cela s'arrête, qu'il ne s'agissait que d'un malentendu, explique Zelensky aux journalistes russes le 27 mars 2022. C'était ma compréhension des choses. Quand je suis devenu président, j'ai compris qu'il fallait tout faire pour arrêter la guerre. Mais aujourd'hui, c'est plus qu'une guerre : oui, j'éprouve une profonde déception en raison du niveau de soutien à la guerre parmi la population russe. Oui, il y a un lavage de cerveau, mais soyons honnêtes, c'est se chercher des excuses. Parce que cela n'arrive pas à cause d'un événement. Cela fait huit ans que cela dure ici. »

La guerre russo-ukrainienne de 2022 est avant tout un drame et une grande explication historique de premier plan : la Russie retrouvera-t-elle sa dimension impériale en étendant sa domination sur les pays voisins, ou l'Ukraine s'affirmera-t-elle comme le plus jeune État-nation d'Europe, s'éloignant de l'ancienne puissance coloniale russe, et adoptant le modèle de l'État de droit européen pour assurer le développement économique et social de sa population ? L'une des clés de cet enjeu se trouve dans les mains de Volodymyr Zelensky, un jeune homme né en URSS, baigné du «monde russe», enfant sous la Perestroïka, qui n'avait que treize ans à la chute de l'URSS, et qui s'est construit comme adulte dans une Ukraine indépendante. Volodymyr Zelensky, quarante-quatre ans, est le symbole de la bascule ukrainienne.

Être né en 1978 dans le Kvartal 95 de Kryvyï Rih, c'est avoir grandi dans un entre-deux, géographique et mental. C'est partager des souvenirs et une expérience avec les Russes, tout en revendiquant une identité ukrainienne, c'est gouverner en son propre pays, pour la liberté, en s'affirmant de la lignée des cosaques, comme le dit si bien l'hymne national ukrainien. Huit ans après la révolution de Maïdan, Volodymyr Zelensky est peut-être le leader qui va faire passer son pays dans une nouvelle dimension historique.

4

Face aux oligarques

Les visiteurs du soir

14 novembre 2018. Petro Porochenko est encore chef de l'État, pour quelques mois. Tard dans la soirée, sur les hauteurs de Lipki, le quartier des lieux de pouvoir ukrainien, une Mercedes noire pénètre par l'entrée latérale de l'administration présidentielle. C'est un passage discret, au travers d'une arche sous un bâtiment décati, dans un paysage de poteaux électriques mal repeints, de tuyaux de gaz jaunes et de trottoirs tellement usés que leurs dénivelés et nids-de-poule en deviennent presque charmants. C'est aussi par là que les visiteurs se rendront dans le palais lors de la guerre, en 2022.

Dans une première arrière-cour, on devine la silhouette d'un homme qui sort du véhicule de luxe, une liasse de papiers sous le bras, accompagné d'un garde du corps. Puis, il s'engouffre dans un autre véhicule, un SUV Lexus, comme on en voit beaucoup chez les riches Ukrainiens, qui pénètre sans être contrôlé dans une seconde cour. Bienvenue à Bankova, le siège du bureau du président ukrainien, situé au 11 de la rue Bankova, dont l'entrée principale se trouve de l'autre côté, dans une jolie rue piétonne entièrement fermée aux visiteurs. Elle sera rouverte le lendemain de l'élection de Volodymyr Zelensky.

Le palais de Bankova, l'Élysée ukrainien, est un édifice de style classique soviétique, massif et orné d'une impressionnante colonnade blanche, construite en 1936-1939 pour abriter le siège du district militaire de Kyiv. À la création de l'URSS, les Bolcheviks ont implanté à Kharkiv le siège de la capitale de la République socialiste d'Ukraine, mais en 1934, il a été transféré à Kyiv, dont les beaux quartiers se sont alors couverts de gigantesques bâtiments de la première période stalinienne, qui constituent encore aujourd'hui le décor du pouvoir.

Deux heures et demie plus tard, le SUV quitte les lieux. Des journalistes établiront que sa plaque d'immatriculation est en réalité celle d'une Skoda Fabia, la voiture du peuple par excellence. En Ukraine, dans les allées du pouvoir, on masque donc l'identité des véhicules, pour échapper aux caméras indiscrètes. Le SUV se glisse dans la rue et se gare à proximité du palais. Tout autour, une nuée de types en costume noir et à la mine patibulaire fait des allées et venues, le doigt sur l'oreillette.

Une demi-heure plus tard, la Mercedes noire quitte à son tour Bankova, les rideaux de ses vitres arrière masquant ses passagers.

Comme le carrosse d'un grand aristocrate sortant du palais du Louvre au XVIIIe siècle après une entrevue avec un conseiller du roi, la Mercedes se porte au niveau du SUV, puis s'éloigne en entraînant dans son sillage un cortège d'autres berlines, forcément noires. La scène est filmée par une équipe de journalistes du programme *Schémas*, une émission d'investigation du service ukrainien du média américain Radio Free Europe (RFE/RL) dont le journaliste vedette n'est autre que Mykhailo Tkach, un blondinet à col roulé, à l'allure de moine-soldat qui, au fil des enquêtes, est devenu la bête noire de tous les politiciens véreux et oligarques. Mykhailo Tkach s'est fait une spécialité : la filature nocturne en voiture, qui lui vaudra plus tard quelques soucis et prises de bec avec un certain Volodymyr Zelensky…

En attendant, Tkach et les limiers de *Schémas* ont identifié le visiteur précautionneux de ce soir : Vadim Stolar, un ancien du Parti des régions, la formation pro-russe de l'ex-président Viktor Ianoukovitch. *A priori*, Vadim Stolar devrait appartenir au camp ennemi de Petro Porochenko, mais voilà : c'est un baron du secteur de la construction, un secteur dans lequel, pour évoluer, l'entregent politique est nécessaire. Quatre ans après la révolution de

Maïdan, le président issu du mouvement populaire pour réformer le pays reçoit donc nuitamment un député qui a voté des lois dictatoriales en janvier 2014, prélude à la répression ayant tué une centaine de manifestants quelques semaines plus tard. Ce mélange des genres, les Ukrainiens en ont l'habitude et il nourrit leur rejet viscéral de la classe politique, mamelle des révolutions.

Nous voilà plongés dans les jeux et ambiguïtés infinis de l'oligarchie du pays. Le président Porochenko est lui-même un oligarque, bien qu'il se soit fait élire en mai 2014 en surfant sur l'agenda des révolutionnaires de Maïdan : «lustrer» l'administration des personnalités qui se sont compromises dans le régime autoritaire et ultra-corrompu de Viktor Ianoukovitch, lutter sans pitié contre les pro-russes, et «désoligarchiser» le pays. Quatre ans plus tard, Porochenko n'est aucunement gêné de discuter avec une personnalité aussi mouillée que Vadim Stolar. Certes, Porochenko nie la véracité de cette rencontre du 14 novembre 2018, mais en quatre ans, la parole de l'oligarque a perdu de sa valeur : beaucoup d'Ukrainiens (et de diplomates occidentaux) ne le croient plus. Porochenko refuse tout bonnement de dévoiler qui Stolar a vu ce soir-là.

La rédaction de *Schémas* s'est cassé les dents pendant des mois sur une simple demande : obtenir le registre des visiteurs du bureau du chef de l'État, censé être public. Il l'est, mais pas pour les visiteurs du soir... «Depuis trente ans, la journée de travail du président de l'Ukraine est divisée en deux, nous explique un ancien conseiller des présidents Viktor Iouchtchenko (2005-2010) et Petro Porochenko (2014-2019). Il y a les rendez-vous en journée, dûment enregistrés sur le registre officiel des visiteurs : il s'agit de députés, de représentants d'organisations diverses et variées, d'entrepreneurs, etc. Ils passent par l'entrée principale de Bankova, au vu et au su de tout le monde. Et puis il y a les visiteurs du soir : les oligarques qui viennent discuter le bout de gras et négocier. »

Pour cette source habituée des arcanes du pouvoir ukrainiennes, «il ne faut pas regarder cette question avec des lunettes uniquement morales». Selon elle, «il s'agit d'abord d'une affaire de forces politiques, avec lesquelles le chef de l'État doit composer. Quand Rinat Akhmetov, ou Viktor Pintchouk, ou leurs sbires, débarquent dans le bureau du président, c'est pour lui dire, comme je l'ai entendu de mes propres oreilles : "Si tu ne me fais pas tel ou tel cadeau fiscal, si tu n'amendes pas telle ou telle loi, ou si tu ne signes pas tel décret, je déclenche une campagne de presse contre toi, te salis dans mes médias, et je licencie quelques milliers d'employés de mes entreprises. Et le président devra en assumer les conséquences"». Voilà comment va la démocratie à l'ukrainienne, réelle, compétitive, vivace, mais gangrenée par la corruption et les compromis de l'ombre. C'est exactement le mode de fonctionnement que décrit la série *Serviteur du peuple*, bien que d'aucuns soupçonnent son financier d'en être partie prenante.

Dans cette architecture du pouvoir, un homme joue un rôle essentiel : le chef de l'Administration présidentielle, dont le poste a été renommé « chef du Bureau du président » au début de l'ère Zelensky. Le chef de l'Administration présidentielle, le bras droit du président, un quasi-vice-président (surtout sous Zelensky), est généralement un homme très enraciné dans le monde oligarchique, voire un oligarque lui-même. Leonid Koutchma (1994-2005) nomme à cette fonction clé des représentants de son clan de Dnipropetrovsk. Viktor Ianoukovitch (2010-2014) y place Andriy Kliouïev, un multimillionnaire originaire de Donetsk, proche de Rinat Akhmetov, le roi du Donbass dont la fortune, la plus grande d'Ukraine, atteint les 15 milliards de dollars en 2013, avant de chuter en raison des événements politiques et militaires qui secouent le territoire.

Rinat Akhmetov, cinquante-cinq ans, dont *Schémas* a plusieurs fois repéré le cortège de limousines s'engouffrant dans l'entrée latérale de Bankova, est l'archétype de l'oligarque ukrainien. Il ne faut pas se fier à son look moderne – mèche blonde balayée sur le côté et vestes à carreaux qui lui donnent un petit style *british*. Il s'est même offert un des appartements les plus chers du monde, à Hyde Park, à Londres. Ce fils de mineur du Donbass, d'origine tatare et musulmane sunnite, entré dans les affaires en jouant aux cartes et en se frottant à la pègre locale, est devenu l'homme le plus puissant du Donbass après la mort, en 1995, d'Akhat Braguine, le parrain de la ville, tué par une bombe posée sous son siège au stade du club de football du Chakhtar Donetsk, et surtout après l'assassinat à Donetsk, en 1996, de l'oligarque Yevhen Shcherban, alors plus grande fortune du pays avec ses 500 millions de dollars. Shcherban a été tué par un missile qui a frappé son avion à l'aéroport de Donetsk. Son empire naissant s'est vu partagé entre ses jeunes rivaux voraces[1]. Rinat Akhmetov, qui refuse de revenir sur les circonstances de ce décès, a alors accédé à la propriété du Chakhtar Donetsk qui brille régulièrement en Ligue des champions, ouvert une banque devenue la colonne vertébrale de son empire industriel, qu'il a renommée System Capital Management (SCM) : une holding investissant dans l'industrie minière et métallurgique, l'énergie, les télécommunications, les transports, le secteur bancaire, l'agriculture, l'immobilier, sans oublier les médias… et les partis politiques.

---

1. Voir *L'Héritier*, film documentaire, réalisation : Maksim Kamenev et Oleksandr Kokhan, Hromadske TV, 2020.

Le poste de chef du Bureau du président est donc autrement plus important que celui de Premier ministre. Dans certaines phases de l'histoire de l'Ukraine indépendante, il est occupé par un homme chargé de veiller aux intérêts de la Russie. C'est le cas, entre 2002 et 2005, sous la présidence de Leonid Koutchma, soucieux de garder de bonnes relations avec Moscou : il nomme un certain Viktor Medvedtchouk, qui devient un proche de Vladimir Poutine et son éminence grise en Ukraine.

Pour des raisons similaires, de 2010 à 2013, le président Viktor Ianoukovitch installe à la tête de l'Administration présidentielle le dénommé Serhiy Lyovochkine, un partenaire d'affaires de l'oligarque Dmytro Firtash. Ce dernier est un ancien pompier devenu l'homme clé du commerce de gaz entre la Russie et l'Ukraine, en partie grâce à ses liens avec le monde criminel russe. Les ristournes que Gazprom accorde alors à Firtash sur le gaz acheté en Russie lui ont fait gagner plus de 3 milliards de dollars selon les calculs de l'agence de presse Reuters[1], qu'il a mis au service des intérêts de Vladimir Poutine en finançant le fameux Parti des régions de Viktor Ianoukovitch. Lyovochkine et Firtash contrôlent aussi une télévision, Inter, qui

---

1. Stephen Grey, Tom Bergin, Sevgil Musaieva, Roman Anin, «Putin's allies channelled billions to Ukraine oligarch», Reuters, 26 novembre 2014.

est une des plus importantes chaînes ukrainiennes, à la ligne éditoriale pro-russe. Les téléspectateurs y regardent pléthore de téléfilms russes sur la Seconde Guerre mondiale... C'est d'ailleurs par le biais de ce média que Volodymyr Zelensky fait ses grands débuts sur le petit écran ukrainien. Il en devient même pour un temps responsable des programmes. Puis, en 2012, il décroche le jackpot avec ses associés en signant avec 1 + 1, la chaîne d'Ihor Kolomoïsky.

Le comédien et futur président, qui dirige une société de production ambitieuse, Kvartal 95, et diversifie son activité dans la production de séries, de dessins animés, dans l'événementiel, n'est absolument pas inconnu de ces oligarques, bien que ces derniers le considèrent comme un clown, au même titre que ces pop stars que l'on loue pour une soirée de concert sur un yacht ou dans une villa. Avant d'être le serviteur du peuple, Volodymyr Zelensky a été le serviteur des oligarques, qui le lui ont bien rendu, lui faisant signer des contrats à plusieurs zéros grâce auxquels l'homme a pu accéder à la notoriété, mais également devenir riche. Zelensky n'est pas un oligarque, mais il accepte de se produire chez eux, comme ce soir où il fera l'andouille devant le président Viktor Ianoukovitch et son hôte d'un soir, le Premier ministre russe Dmitry Medvedev...

L'encombrant Kolomoïsky

Sur la photo, l'ambiance est au sérieux. En ce 10 septembre 2019, l'atmosphère semble presque aussi lourde que dans le bureau du chef de l'État. Fauteuils club vert bouteille, tentures au mur, mobilier et portes à dorures style «faux empire», bureau du parti et kitsch post-soviet. Les participants sont en chemise, ils ont laissé tomber la cravate. Le président Volodymyr Zelensky, son Premier ministre de l'époque, le jeune réformiste Oleksiy Hontcharouk, et le ministre de l'Énergie, Oleksiy Orjel, ont du papier devant les mains, posé sur la table marquetée; Ihor Kolomoïsky, lui, n'en a pas.

Visiblement, l'équipe de Bankova n'avait aucunement l'intention que cette réunion de travail avec l'oligarque soit rendue publique. Mais nous sommes en Ukraine, où les secrets ne sont jamais longtemps gardés. La gêne est perceptible dans les yeux baissés de certains, les autres arborent un sourire figé. Et pour cause, le landerneau politique ukrainien ne bruisse que d'une question : Zelensky est-il une marionnette de Kolomoïsky? L'oligarque, après un exil en Israël et en Suisse à la fin des années Porochenko, est rentré bruyamment à Kyiv quelques jours à peine après l'élection du comédien. Les journalistes d'investigation se sont démenés : dans les mois qui ont précédé son élection,

Volodymyr Zelensky et ses plus proches associés se sont rendus à plusieurs reprises en avion à Tel-Aviv et à Genève, quand l'oligarque s'y trouvait.

Par souci de transparence, la photo est rendue publique. Officiellement, la réunion s'est contentée d'aborder des «affaires en Ukraine» ainsi que le «secteur de l'énergie». Une explication trop vague pour être crédible... Quelques jours plus tard, le président en dit un peu plus. Deux promesses de campagne auraient été à l'ordre du jour : la suppression du monopole des oligarques et la baisse des tarifs des services publics. Or, si Kolomoïsky a fait le déplacement pour évoquer ce sujet, ce n'est le cas d'aucun de ses collègues oligarques. Tout cela paraît trop gros, personne n'y croit. On a forcément traité d'autres sujets, plus importants.

C'est la presse qui va bientôt les révéler : Ihor Kolomoïsky est venu s'entretenir avec les nouveaux gouvernants du sort de Tsentrenergo, une entreprise publique de production thermique d'électricité vendue sur le marché de gros. L'oligarque fait des pieds et des mains pour que ses usines d'alliage ferreux de Nikopol et Zaporijjia tournent avec de l'électricité à moindre coût. «Cette question l'amène à s'attaquer aux positions de l'oligarque n° 1 en Ukraine, Rinat Akhmetov, qui règne sur le secteur électrique avec sa société DTEK», nous explique alors l'expert Mikhaïl Gonchar.

La réunion du 10 septembre à Bankova jette donc encore un peu plus de doute sur le désir et la capacité de Volodymyr Zelensky à briser l'oligarchie, une des raisons pour laquelle les Ukrainiens l'ont élu. Certes, dès sa nomination, il a installé des personnalités réformistes au gouvernement, comme son Premier ministre, Oleksiy Hontcharouk, qui n'a que trente-cinq ans : c'est un avocat d'affaires moderniste, qui se distingue depuis plusieurs années à la tête du BRDO (Better Regulation Delivery Office), une agence chargée de réduire le niveau de corruption, que ce soit dans l'administration gouvernementale ou dans le secteur privé. Mais le nouveau parti présidentiel, appelé Slouga Naroudou (Serviteur du peuple), comme la série, a aussi nommé Andriy Herus à la tête de la Commission parlementaire de l'énergie, du logement et des services communaux, cet activiste anticorruption soupçonné d'être à la solde de Kolomoïsky, surtout lorsqu'il s'agit d'affaiblir, sous couvert d'expertise, la réputation de Rinat Akhmetov.

Même s'il a contribué à faire élire Volodymyr Zelensky à la tête de l'Ukraine, Ihor Kolomoïsky comprend que le nouveau président devra, ou voudra, bientôt voler de ses propres ailes, et qu'il sera courtisé par les autres oligarques du pays. La publication de cette photo tombe à point nommé pour consolider la position de Kolomoïsky : selon les règles du jeu établies, tout le monde devrait se soumettre à l'oligarque de Dnipro. Pourquoi n'en irait-il pas comme à l'accoutumée ? Si Zelensky mange dans la main de Kolomoïsky, comme autrefois Ianoukovitch dans celle d'Akhmetov, alors Kolomoïsky placera ses pions : au Parquet général, dans les tribunaux, dans les mille et une agences gouvernementales dont l'Ukraine a le secret, chargées de réguler les prix du charbon, de l'électricité, d'imposer arbitrairement des amendes astronomiques pour de prétendues violations des règles environnementales d'un pays qui n'en a que faire de l'écologie. Et surtout : décider d'éventuels monopoles économiques.

Kolomoïsky jubile. Il est en passe de tuer la concurrence. Il a viré Porochenko et rêve de mettre la main sur des secteurs industriels parapublics qui lui échappent encore. Le Tout-Kyiv s'inquiète. Ses vieux ennemis commencent à lui faire les yeux doux. En septembre 2019, Viktor Pintchouk fait acte d'allégeance en le laissant arpenter les allées du forum YES (Yalta European Strategy), un rendez-vous du gratin conçu comme un sommet de Davos ukrainien. Tous les ans, Pintchouk, gendre de l'ancien président Leonid Koutchma, convie à Kyiv les stars de la politique et des affaires internationales : Bill Clinton, Tony Blair, Anders Fogh Rasmussen... Même Dominique Strauss-Kahn et Bernard-Henri Lévy y ont leur rond de serviette. Les stars de la presse mondiale viennent prendre le pouls de l'Ukraine. Cette année-là, Ihor Kolomoïsky est aux anges : lui, si avare de parole, accorde interview sur interview, lâche petite phrase sur petite phrase. Il pense sans doute asseoir son pouvoir, sa toute-puissance.

En réalité, Ihor Kolomoïsky n'aurait qu'un objectif : récupérer la banque Privat, que l'ancien président Petro Porochenko a fait nationaliser en 2016, ou au moins obtenir une magistrale compensation, en dollars sonnants et trébuchants. Interrogé dans les conférences de presse, Volodymyr Zelensky esquive, envoie des signaux contradictoires. Il est gêné aux entournures. La pression est immense : Zelensky n'est pas totalement indépendant de son ancien employeur, 1 + 1. Mais l'Ukraine est dans une situation économique difficile, elle dépend énormément des bailleurs de fonds internationaux, notamment du Fonds monétaire international (FMI), dont Washington est un contributeur majeur, et qui songe à lui prêter 5 milliards de dollars. C'est en gros la somme que Kolomoïsky et ses associés rêvent de récupérer en compensation de la part de Privat : le FMI et les Américains s'affolent, voyant déjà leur prêt disparaître dans les poches de l'oligarque.

Zelensky est donc pris entre le marteau et l'enclume : accéder aux désirs de revanche de l'oligarque qui l'a couronné, ou bien aux injonctions de la communauté internationale, qui remplume l'économie ukrainienne à intervalles réguliers depuis son indépendance. Les missions des experts du FMI s'enchaînent à Kyiv, elles sont scrupuleusement scrutées par la presse nationale, qui tente de décrypter la moindre déclaration des émissaires de Washington. «Nettoyez votre secteur bancaire et nous débloquerons l'argent», semblent dire en substance les partenaires. Sous-entendu : faites en sorte que nos milliards ne finissent pas chez Kolomoïsky. L'équipe de Volodymyr Zelensky louvoie, cherche des solutions, tente de ménager la chèvre et le chou, pousse le fantasque oligarque à revoir ses prétentions, incite les partenaires internationaux à tempérer. Rien à faire, jusqu'à ce que la situation ne soit plus tenable, économiquement.

Le 13 mai 2020, au Parlement, la Verkhovna Rada, la majorité présidentielle acquise à Zelensky autour du parti Serviteur du peuple adopte à sa demande la loi anti-Kolomoïsky : un texte taillé sur mesure pour s'opposer aux velléités de l'oligarque de Dnipro, qui stipule en substance que les banques en difficulté ne peuvent perte rendues à leurs anciens propriétaires. Le dossier de la banque Privat est clos, l'établissement reste dans le giron public. Quelques heures plus tard, le FMI donne son accord pour le déblocage d'un prêt de 5 milliards de dollars dont l'Ukraine a tant besoin.

Volodymyr Zelensky vient de prendre la première grande décision de son mandat : la marionnette a

elle-même coupé les fils qui la reliaient au marion-
nettiste, disent alors les mauvaises langues. Le
divorce de Zelensky et de Kolomoïsky semble
consommé. Le jeune président s'est émancipé.
Petit à petit, l'oligarque perd de son influence dans
les rouages de l'économie ukrainienne, il est éjecté
du système Tsentrenergo, ses hommes placés à des
postes stratégiques de l'administration sont déga-
gés un à un. La justice américaine, qui a lancé
des procédures contre Kolomoïsky, invite le chef
d'État ukrainien à se débarrasser des personnalités
toxiques liées à l'oligarque. 1 + 1 continue à diffu-
ser les émissions de Kvartal 95, sans Zelensky bien
sûr, mais l'oligarque n° 3 du pays apprécie
de moins en moins les prestations de son ancien
protégé devenu président.

La désoligarquisation ?

C'est dans le bureau même où, fortement gêné
aux entournures, il avait reçu Ihor Kolomoïsky le
10 septembre 2019 que Volodymyr Zelensky se met
en scène, signant et promulguant, le 5 novembre
2021, la très attendue loi anti-oligarques. La photo
est soignée cette fois, du travail de professionnel,
réalisé par une vraie équipe de communication,
pas un cliché volé. Le texte est intitulé «Loi sur la
prévention des menaces à la sécurité nationale

associée à l'influence excessive de personnes ayant un poids économique et politique significatif dans la vie publique» : une longue périphrase pour désigner les oligarques! Volodymyr Zelensky publie sur Twitter la photo sur laquelle il paraphe le texte, accompagnée de quelques mots en ukrainien : «La démocratie, c'est la loi et l'égalité. J'ai signé une loi anti-oligarchique qui change radicalement la relation entre les grandes entreprises et les politiciens. Désormais, tous les acteurs économiques seront égaux devant la loi et ne pourront plus s'acheter des privilèges politiques. La loi ne sera plus enfreinte!» La législation prévoit également la création d'un «registre des oligarques», dans lequel pourront être classées des personnalités répondant à certains critères de richesse et de répartition de leur avoir sur des actifs spécifiques... comme les télévisions. La philosophie de ce registre? Les grands argentiers du pays ne voudront pas y figurer ni être qualifiés d'oligarques, un terme infamant; ou s'ils en sont, ils voudront en sortir. Ainsi, quelques heures plus tard, l'ancien président Petro Porochenko revend les deux télévisions qu'il possède.

Le problème, c'est que cette loi est un chef-d'œuvre de populisme, à peu près inapplicable, et même de nature à renforcer l'oligarchie, ou pire encore, à créer une oligarchie soumise au pouvoir en place. Volodymyr Zelensky a fait rédiger le texte en le présentant comme la mise en œuvre d'une promesse de campagne, tout en tâchant de contenter Washington, Bruxelles et le FMI. La méthode employée peut séduire le peuple, puisqu'il s'agit d'établir une liste d'oligarques, afin de les empêcher de «s'acheter des privilèges politiques». De ce point de vue, l'objectif est purement et simplement de clouer au pilori une caste honnie des sociétés post-soviétiques, de les vouer en quelque sorte à la vindicte publique.

En réalité, nombre d'observateurs de la scène politique ukrainienne craignent que, sous couvert de tenir une promesse de campagne, le président Zelensky veuille avant tout renforcer ses propres pouvoirs. «Les mesures visant à réellement limiter les pouvoirs des oligarques ukrainiens sont bien connues : indépendance de la justice, renforcement des lois et des autorités antitrust, réforme de la gouvernance du secteur public, élimination des avantages fiscaux pour les grandes entreprises et plus grande transparence du financement des médias. Le bureau du président a créé délibérément une législation anti-oligarques vague qui ne contient aucun critère objectif pour limiter l'influence des oligarques. Au lieu de cela, il confère au Conseil national de sécurité et de défense, qui est personnellement nommé par le président, la charge de déterminer qui est oligarque et doit donc se soumettre aux restrictions sur la propriété des médias ou la participation à la vie politique du pays», regrette ainsi, dans une analyse étayée[1], Kira Roudik, députée du petit parti d'opposition libéral et pro-européen Holos (La Voix).

Malgré tout, la loi passe dans une séquence parlementaire digne d'une sitcom, bien réelle quant à elle, car la vie politique et parlementaire ukrainienne, baroque et byzantine, pleine d'outrance, ressemble souvent à un show télévisé. Un véritable cirque! Parmi la population, beaucoup ne sont pas dupes. Les citoyens se contentent de vaquer à leurs occupations quotidiennes, feignant la satisfaction de voir enfin une promesse électorale tenue. Les vidéos des enquêtes du journaliste d'investigation Mykhailo Tkach continuent de faire un carton : elles sont visionnées à des dizaines de milliers de reprises. Après avoir éreinté Petro Porochenko pendant des années, l'homme a une nouvelle bête noire : Volodymyr Zelensky et ses associés de Kvartal 95, son partenaire d'affaires Serhiy Chéfir qui est devenu l'assistant du président, Ivan Bakanov, comptable et juriste pour Kvartal 95 devenu le puissant patron du SBU, les services secrets ukrainiens, et surtout Andriy Yermak, ancien producteur de cinéma et ami de Zelensky, devenu le second chef du Bureau du

---

1. «Ukraine's Anti-Oligarch Law : President Zelenskyy's populist power grab?», Atlantic Council, 15 novembre 2021.

président, et que beaucoup considèrent comme le deuxième président, si ce n'est comme le premier...

Mykhailo Tkach découvre ainsi – et révèle – que Serhiy Chéfir, l'ami d'enfance de Volodymyr Zelensky, est l'homme chargé des relations avec les oligarques. Mykhailo Tkach traque la berline noire de Chéfir dans les rues de Kyiv la nuit, il le suivra jusqu'au portail d'une des résidences de Rinat Akhmetov. Serhiy Chéfir est l'homme qui fait le lien entre le président et les oligarques. La politique en Ukraine semble ainsi être un théâtre de dupes. Du côté des oligarques, on joue l'indignation, tout en sachant que la loi ne pourra rien changer, voire qu'elle pourrait permettre à certains de faire taire les critiques tout en continuant leur business, *as usual*.

Durant les deux premières années de sa présidence, Volodymyr Zelensky, petit poisson, a appris à nager dans ce marigot de requins. Ses talents de communicant hors pair sont son atout principal : pour lui, l'important est moins ce qu'on a à vendre que la manière dont on le vend. Depuis son élection, l'homme a quelque peu délaissé Instagram pour se donner un vernis plus officiel. Il utilise désormais principalement le site de la présidence pour communiquer, avec des vidéos relayées sur Facebook ou YouTube. Rarement en Europe un chef d'État aura à ce point maîtrisé les codes de la communication visuelle. Il faut dire que les hommes de Zelensky, la demi-douzaine de conseillers qui l'entourent, sont tous des professionnels de la production audiovisuelle ! Derrière le puissant Andriy Yermak travaille une bande de jeunes conseillers, le gang de Zelensky. Ainsi, Youriy Kostyuouk, un des scénaristes de *Serviteur du peuple*, est devenu le rédacteur des discours bien troussés du président ; Kyrylo Timochenko, en charge des « grands projets » à l'administration présidentielle, est aussi le dirigeant de GoodMedia, une agence de communication qui produit du contenu vidéo. On estime que quelques mois après l'élection de 2019, plus de trente employés de Kvartal 95 ont rejoint les cercles du pouvoir, l'administration présidentielle, le Parlement. À tel point que des accusations de favoritisme et de clientélisme sont portées.

Mais Volodymyr Zelensky esquive les coups. Il a appris à maîtriser ses émotions, ses réactions en public et ses relations (difficiles) avec les journalistes. Son équipe de communication, très créative, imagine des conférences de presse qui ressemblent à des événements surprise, dans des lieux originaux. En octobre 2019, le chef de l'État organise un « marathon de presse » dans un restaurant branché du quartier de l'Arsenal à Kyiv, lors duquel il reçoit des centaines de journalistes à sa table durant quatorze heures, jusqu'à épuisement. Record du monde battu ! Le candidat sans expérience très rapidement est devenu un politicien rusé, capable de rendre les coups à ses adversaires et à ses critiques.

5

Faire la paix avec Poutine ?

« Minsk-2 », sinon rien

Le rire est sardonique. « Je ne connais pas cet homme. J'espère qu'un jour on se rencontrera. Apparemment, il est un grand spécialiste dans son domaine, c'est un bon acteur [rires dans l'assistance]. Je suis sérieux et vous vous riez. » Un clown quoi ! Le 7 juin 2019, lors du Forum économique international de Saint-Pétersbourg, devant un parterre de personnalités dont le président chinois Xi Jinping, Vladimir Poutine fait le show aux dépens de son tout nouvel homologue ukrainien. Installé dans l'un des confortables fauteuils placés sur l'estrade, il prépare son audience à la méchante blague qu'il s'apprête à faire, d'abord par un petit sourire en coin puis, une fois la salve lancée, il secoue son corps vieillissant au rythme d'un rire froidement calculé.

Bien entendu, tout le monde connaît Volodymyr Zelensky en Russie. Ses séries et ses films sont largement regardés par les Russes et ces derniers ont observé, intrigués, l'ascension politique de l'acteur. Vladimir Poutine adorait détester Petro Porochenko, dépeint par les Russes comme une caricature de dirigeant nationaliste et militariste, un repoussoir naturel. Les dirigeants du Kremlin, au départ, ne savent pas comment prendre Zelensky, comment appréhender le phénomène. Ils n'ont pas de prise sur lui : il parle plus russe qu'ukrainien dans les médias, n'est pas très porté sur le nationalisme, on ne sait pas véritablement ce qu'il pense des grandes affaires de ce monde. La télévision russe ne sait pas sur quel pied danser avec l'ancien acteur.

Vladimir Poutine, comme sa saillie de Saint-Pétersbourg l'indique, pense sans doute qu'il ne peut faire qu'une bouchée de Zelensky. Le problème, pour le maître du Kremlin, est que lors de leur première rencontre dans la vie réelle, le clown va se montrer sacrément à la hauteur de sa fonction. Après plusieurs mois durant lesquels les deux hommes se toisent par déclarations interposées, ils vont se voir pour de vrai le 9 décembre 2019, au palais de l'Élysée à Paris, lors d'un sommet en «format Normandie» qui réunit les chefs d'État ukrainien, russe, français et allemand, afin de trouver une issue à la guerre du Donbass, qui a cours depuis avril 2014. Cela fait trois ans qu'il n'y a pas eu de sommet en format Normandie. Emmanuel Macron et Angela Merkel vont superviser la confrontation, très attendue, entre Volodymyr Zelensky et Vladimir Poutine, sachant que le premier a fait de la paix sa promesse de campagne numéro un. C'est donc une journée marathon qui s'annonce dans la capitale française, électrique et grise, paralysée par le mouvement des Gilets jaunes.

Les présidents ukrainien et russe sont accueillis l'un après l'autre sur le perron de l'Élysée par l'hôte du jour. La grande pompe est de sortie pour cet événement diplomatique majeur : Garde nationale, casques à crinière noire et plumet rouge, sabre au poing, le décorum impressionne les journalistes ukrainiens, peu habitués aux coutumes de la monarchie républicaine ! Emmanuel Macron tente d'apporter un peu de convivialité en donnant l'accolade à ses homologues, sous le crépitement des appareils photo. À 15 heures, lorsque commence réellement le sommet, l'ambiance sous les ors du salon Murat est aussi glaciale que dans les rues de Paris. Le regard de Vladimir Poutine est fuyant. Il cherche à tout prix à ne jamais croiser celui de Volodymyr Zelensky. Ce dernier est concentré. Il a les traits tirés. Sa démarche n'est plus totalement celle qu'on lui connaît : un peu nerveuse, parfois mécanique, comme si le néo-président était encore un peu l'acteur comique de sa première vie.

Le marathon est lancé. Opaque, il se terminera aux alentours de minuit. Le Tout-Kyiv politico-médiatique a fait le déplacement. Pendant neuf heures de discussion, derrière des portes hermétiquement closes, tout ce petit monde, mêlé à la presse française, russe, allemande, internationale, s'empiffre de petits fours et avale des litres de café ; on spécule sur les résultats de la rencontre. Côté ukrainien, une question obsède et stresse les observateurs depuis plusieurs jours : Zelensky sera-t-il à la hauteur ? Ou bien va-t-il se faire dévorer tout cru par un Vladimir Poutine autrement plus expérimenté que lui et, qui plus est, en position de force dans les steppes du Donbass ? Ne va-t-il pas aussi se faire manipuler par Merkel et Macron, désireux de trouver la formule qui permettra d'obtenir la paix dans la région ?

Volodymyr Zelensky marche sur une corde raide. Élu par les trois quarts de ses concitoyens, il doit faire face, à Kyiv, à l'opposition radicale du groupe des « 25 % » − la frange nationale-libérale de la population, patriotique qui a voté pour Petro Porochenko et qui craint par-dessus tout que le « clown pro-russe », comme ses adversaires radicaux l'appellent parfois, ne brade les intérêts du pays. À Kyiv se développe depuis l'automne dans la rue un mouvement appelé « Non à la capitulation ». Les Ukrainiens dans leur immense majorité veulent la paix, mais pas aux conditions de la Russie, qui mettraient en péril la souveraineté de leur nation et accorderaient aux régions séparatistes de Donetsk et de Louhansk un statut d'autonomie, qui en feraient un cheval de Troie russe en terre ukrainienne.

Les stars de la presse et de la télé nationales ont fait le déplacement, mais n'en mènent pas large. Elles essaient à tout prix de savoir ce qui se passe. «Alors, il se débrouille comment? Il est pas trop mauvais?» demande une journaliste au puissant ministre de l'Intérieur ukrainien, Arsen Avakov. Vers minuit, l'agitation gagne les abords du salon Murat. Les conseillers de Volodymyr Zelensky traversent la salle et passent devant l'estrade, tels les Beatles sur le passage piéton d'Abbey Road. Quelques minutes plus tard, les quatre dirigeants français, allemand, ukrainien et russe se présentent à la presse pour rendre compte de leurs discussions.

Volodymyr Zelensky et Vladimir Poutine sont placés aux extrémités d'une table blanche, séparés par Angela Merkel et Emmanuel Macron. Le président français tient à saluer en préambule «le courage politique et la détermination dont a fait preuve le président d'Ukraine depuis son élection pour ramener la paix dans le conflit qui ravage l'est de son pays». À cet instant, ses compatriotes journalistes ont des sueurs froides : ils craignent que Paris et Berlin aient fait pression sur leur chef d'État pour qu'il adopte la «formule Steinmeier», proposée trois ans plus tôt par l'ancien ministre des Affaires étrangères allemand, désormais président de la République fédérale depuis 2017. Selon cette formule, les élections locales prévues dans le cadre du point 9 des accords de Minsk-2 signés en février 2015 doivent être organisées et, une fois leurs déroulement et résultats jugés «démocratiques» par l'Organisation pour la sécurité et la coopération en Europe (OSCE), l'autonomie des entités séparatistes du Donbass doit être instaurée dans le cadre institutionnel ukrainien. Dans la foulée, conformément au point 11 des accords de Minsk-2, la Russie doit démilitariser les régions de Donetsk et Louhansk et rendre le contrôle de la frontière russo-ukrainienne aux Ukrainiens, de leur côté de la ligne.

Seulement, dans le pays, personne ne veut de la formule Steinmeier, jugée comme une pilule amère imposée par les Allemands qui, de toute façon, sont à la remorque des Russes dont ils dépendent pour leur approvisionnement en gaz... À Kyiv, nul ne croit que des élections locales dans le Donbass puissent être démocratiques si elles se tiennent en présence de milices séparatistes locales qui ont éliminé toute opposition politique et fait de Donetsk et de Louhansk des trous noirs en matière d'État de droit, des marionnettes du Kremlin. Comment respecter le code électoral ukrainien dans des territoires où évolue l'armée russe et où opère le FSB, les puissants services de renseignements de Poutine? Comment organiser des élections alors qu'un million et demi de civils ont dû fuir le Donbass : auront-ils le droit de voter dans leur ville? Comment

ANNE ST GEORGES / DEREK FINGLER
PO BOX 168
531 FRED STREET
WINCHESTER ON K0C 2K0

223

DATE 2 0 2 3 - 0 3 - 0 4
Y Y Y Y   M M   D D

PAY TO THE ORDER OF Joseph Saint-Georges-Fingler $ 175 000.—

— cent soixante quinze milles — XX/100 DOLLARS

Security features
included.
Details on back. MP

RBC® ROYAL BANK OF CANADA
WINCHESTER BRANCH
481 MAIN ST., P.O. BOX 429
WINCHESTER, ON K0C 2K0

MEMO GHT

Derek Fingler

⑈223⑈ ⑆07902003⑈503⑈0902⑈9⑈

STYLE 133

assurer leur sécurité ? Berlin et Paris veulent une solution diplomatique à tout prix, un prix que les Ukrainiens ne sont pas prêts à payer.

Après qu'Emmanuel Macron et Angela Merkel se sont exprimés, la parole est à Volodymyr Zelensky. Costume noir et cravate bleu sombre, il se lance, insistant sur le fait que, durant ces heures de négociation, il avait derrière lui « tous les Ukrainiens, dont [il] ressentai[t] le soutien ». Vladimir Poutine, à l'autre bout de la table, affiche une mine renfrognée, le visage de l'ennui. Très vite, le président ukrainien aborde le point sensible. En ce qui concerne la formule Steinmeier et le « statut spécial » des territoires de Donetsk et Louhansk : « Il y a beaucoup de questions qui restent en suspens, que nous n'avons malheureusement pas réussi à régler aujourd'hui, il faudra le faire sans faute à l'avenir. » Son homologue prend nerveusement des notes. Dans la salle, la presse ukrainienne pousse un ouf de soulagement... Zelensky n'a rien bradé !

Qu'il est loin, le Zelensky de la campagne électorale ! Qu'il est loin, le candidat à la présidentielle qui, lorsqu'on l'interrogeait sur ses solutions au conflit du Donbass, se contentait de formules vagues : « Il faut arrêter de tirer », « Je vais regarder Vladimir Poutine au fond des yeux. » Lors de sa première rencontre et discussion substantielle avec des journalistes internationaux, en mars 2019, Volodymyr Zelensky s'est emporté et a littéralement perdu ses moyens quand Noah Sneider, le correspondant de *The Economist*, lui a demandé ce qu'il comptait faire pour mettre fin à cette guerre. La scène était extrêmement gênante pour le candidat, alors incapable d'élaborer une pensée stratégique. Durant cet entretien d'une heure et demie, il s'est contenté d'expliquer aux journalistes présents que sa personnalité et ses compétences en matière de communication, qu'il estime être son métier, lui permettront de se rallier les populations du Donbass.

Zelensky a dû faire son apprentissage de cette crise et de la gestion des conflits, lui qui, très clairement, éprouve une aversion viscérale pour les choses de la guerre et la violence. Lors de la première rencontre avec un des auteurs de ce livre, l'homme se tient à distance de Maïdan, une révolution dont la brutalité semble l'inquiéter. De son langage corporel et de son discours émane une peur du sang versé. Longtemps, il n'aura jamais de mots trop durs pour son prédécesseur, accusé d'avoir choisi une ligne politique nationaliste, et donc le parti de la guerre. Élu président, Volodymyr Zelensky s'est rendu dans le Donbass, il a marché dans les tranchées, mangé du bortsch avec les soldats. Il a enfin pris la mesure de la tragédie que vivent ses concitoyens par millions. Les jeux de Poutine en Ukraine ne sont pas qu'une abstraction que l'on peut traiter à la légère, comme sur une scène de cabaret.

En réalité, ce 9 décembre 2019, Volodymyr Zelensky prend toute la mesure de sa responsabilité face à son peuple. Sans le dire, il marche alors dans les pas de son ennemi juré, Porochenko. Si ce dernier n'avait pas défendu Minsk-2 face à ses compatriotes, devant les députés de la Verkhovna Rada, à son retour le 12 février 2015, c'est que les accords de Minsk, auxquels se raccrochaient Allemands et Français, étaient insoutenables devant le peuple : ils avaient été signés le canon sur la tempe par les Ukrainiens. Le texte a en effet été ratifié dans la capitale biélorusse alors que l'armée russe régulière bombardait la ville de Debaltseve, dans le Donbass, où était retranchée l'armée ukrainienne. La situation était dramatique pour Kyiv, et à Minsk, Vladimir Poutine menaçait brutalement Petro Porochenko «d'écraser purement et simplement [s]es troupes[1]», comme l'a révélé plus tard l'ancien président français François Hollande, qui a assisté à la scène. C'est dans ce contexte qu'ont été arrachés les accords de Minsk-2… contrairement par exemple à l'esprit de l'article 52 de la Convention de Vienne[2] qui dispose qu'«est nul tout traité dont la conclusion a été obtenue par la

---

1. Cf. ses mémoires, *Les Leçons du pouvoir*, Paris, Stock, 2018, p. 75.
2. Traité-loi de 1969 qui codifie les coutumes internationales en matière de traités entre États, dont le titre exact est : «Convention de Vienne sur le droit des traités entre États et organisations internationales ou entre organisations internationales».

menace ou l'emploi de la force en violation des principes du droit international incorporés dans la Charte des Nations unies».

Mais par-delà leur aspect juridique, c'est politiquement que les accords de Minsk-2 ne sont pas applicables en Ukraine. Aucun président ukrainien, fût-il vendu aux Russes, fût-il le mieux élu du monde, ne serait en mesure de faire admettre à ses concitoyens le principe d'un texte dont l'essence consiste à abandonner sa souveraineté à Moscou. Car la fédéralisation que ces accords ont pour ambition de faire accepter par Kyiv revient à donner aux deux entités fantoches de Donetsk et de Louhansk un droit de veto sur les grandes orientations géostratégiques et de sécurité de l'Ukraine. Les accords de Minsk-2 mettent donc fin à l'Ukraine en tant qu'État souverain, Zelensky le comprend trop bien.

Celui qui n'a rien compris au film, c'est Vladimir Poutine et, avec lui, tous ceux qui en Europe et ailleurs ont cru que «droit du plus fort» rime avec «réalisme». Vladimir Poutine a pensé pouvoir imposer sa volonté de domination de l'Ukraine en faisant passer par la force les accords de Minsk-2, en exerçant une pression insoutenable sur les dirigeants du pays. Cependant, en ne voyant en Volodymyr Zelensky qu'un clown, le président russe a ignoré que Serviteur du peuple n'est pas seulement le titre d'une sitcom, mais l'expression d'une culture politique différente en Ukraine, où le dirigeant est subordonné au peuple, sur des terres où les Cosaques ont écrit, en 1710, la première Constitution démocratique d'Europe, la Constitution de Pylyp Orlyk. En un mot, en négligeant Zelensky, Poutine a oublié un acteur majeur : le peuple ukrainien. Il le retrouvera en travers de son chemin en février 2022...

L'histoire comme arme de guerre

En réduisant Volodymyr Zelensky à son métier de comédien, de clown, Vladimir Poutine ne faisait rien d'autre à Saint-Pétersbourg, en juin 2019, que nier son droit et sa légitimité à représenter son pays. Et pour cause : son pays n'existe pas ou, plutôt, n'a pas le droit d'exister. C'est une vieille obsession du président russe, qu'il a exposée longuement à l'occasion d'interminables articles «historiques» publiés dans la presse nationale ou au travers de logorrhées en diverses occasions.

Le 21 février 2022, Vladimir Poutine a décidé d'envahir l'Ukraine. Cela fait presque un an qu'il amasse des dizaines de milliers de soldats autour des frontières. En milieu de journée, sous les imposantes colonnades de la salle Sainte-Catherine du Kremlin, il réunit un SovBez (Soviet Biezopasnosti), un

Conseil de sécurité extraordinaire, lors duquel il demande à ses ministres et principaux responsables des organes de force de discuter une question qu'en réalité, il a déjà tranchée : faut-il reconnaître l'indépendance des républiques populaires de Donetsk et Louhansk, autoproclamées en 2014, lors de la précédente invasion militaire partielle de l'Ukraine ? Il ne s'agit là que d'un préalable formel pour déclencher la guerre dans tout le pays. Quelques heures plus tard, le président se fend d'une allocution télévisée de cinquante-six minutes[1] hallucinée et hallucinante, dont les dix-sept premières (soit un tiers du discours) sont un exposé de sa vision de l'histoire de l'Ukraine.

Le chef d'État russe, en costume noir, est assis à son bureau. Les boiseries sont sombres, une batterie de gros téléphones à touches couleur crème est posée sur le côté. Derrière Poutine a été placé le drapeau de la fédération de Russie, aux bandes horizontales blanc, bleu, rouge. Classique. Mais à droite est dressé l'étendard des armoiries impériales, l'aigle à deux têtes et le blason de Saint-Georges terrassant le dragon. La symbolique expansionniste est invitée. Dans ce décor un peu chargé, Poutine a sa mine des mauvais jours. La crispation de ses lèvres trahit sa volonté d'en découdre, d'imposer sa

---

1. «Adresse du président de la Fédération de Russie», 21 février 2022, Kremlin.ru.

volonté. Dans un court préambule, il souligne : «L'Ukraine n'est pas juste un pays voisin [pour les Russes], mais une part inaliénable de notre histoire, culture et espace spirituel.» Puis commence la partie historique de ce long discours : «Depuis des temps immémoriaux...»

En général, c'est par ce type de mots qu'on introduit une argumentation visant à motiver le présent par le passé. Mais comme l'écrivait Paul Valéry, «l'histoire justifie ce que l'on veut, n'enseigne rigoureusement rien, car elle contient des exemples de tout et donne des exemples de tout». Après l'histoire, on convie généralement la géographie. Cette partition est aussi une mise en scène de la part de Poutine, qui marque volontairement une grande respiration, pour que tout le monde l'entende bien. Il s'agit pour lui, comme souvent les dirigeants de l'ancien espace soviétique, de signifier la peine «sincère» qu'est supposée leur causer le sujet dont ils doivent pourtant entretenir leurs auditeurs : «Depuis des temps immémoriaux, les peuples vivant dans le sud-ouest de ce qui a été historiquement des terres russes s'appellent eux-mêmes Russes et chrétiens orthodoxes.»

Le ton est donné. Il s'agit d'expliquer «les motivations derrière les actions de la Russie aujourd'hui et les buts que nous poursuivons». Poutine enchaîne. «Je commencerai avec le fait que l'Ukraine moderne a entièrement été créée par la Russie ou, plus précisément, par les bolcheviks, la Russie communiste.» Vladimir Poutine réduit les dirigeants soviétiques à la Russie communiste, ce qu'il ne fait pas, par exemple, lorsqu'il s'agit d'argumenter contre les Géorgiens, qui osent dire que ce n'est que contraints et forcés qu'ils ont été intégrés dans l'URSS. Dans ce cas-là, les maîtres du Kremlin ont plutôt tendance à souligner que les bolcheviks étaient aussi caucasiens, Staline en tête. L'histoire est à géométrie variable.

Pour étayer sa démonstration sur la non-existence de l'Ukraine, le président estime que Lénine est fautif, lui qui «a été extrêmement dur avec la Russie, en divisant ce qui était historiquement une terre russe», mais aussi Khrouchtchev, qui «a retiré la Crimée à la Russie» en 1954. Ensuite, l'orateur revient sur la «période initiale de la formation de l'URSS», les désaccords entre leaders bolcheviks, la question du nationalisme, sans oublier la Déclaration sur la formation de l'URSS de 1922, ni l'infâme document sur la politique ethnique adopté en septembre 1989 par le Comité central du parti communiste de l'Union soviétique, en session plénière. Le galimatias de Poutine est agrémenté de remarques philosophiques sur la formation des nations, le rôle néfaste des élites locales, les fondamentaux du développement économique...

Dans ce long développement, Vladimir Poutine se garde de mentionner la responsabilité de Moscou dans la mort des 4 à 7 millions d'Ukrainiens victimes d'Holodomor dans les années 1930. Au fil des minutes, il valorise l'héritage d'un Staline obsédé par le patriotisme ukrainien, lequel avait traqué et fait assassiner toutes les élites politiques et culturelles qui avaient créé et fait vivre la République populaire d'Ukraine (1917-1921), la première tentative moderne de création d'un État ukrainien indépendant.

Petit à petit, Vladimir Poutine distille des remarques sur ces formations administratives, comme l'Ukraine donc, mais sans doute aussi la Géorgie ou le Kazakhstan, qui sont selon lui des «unités administratives à qui l'on a donné *de facto* le statut et la forme d'entités étatiques nationales». Pour résumer, ce ne sont pas des États légitimes, ils n'ont pas le droit à l'existence, les Russes sont contraints d'envahir l'Ukraine. À cette logorrhée, Volodymyr Zelensky, répondra le lendemain de façon lapidaire : «Grand peuple d'un grand pays, nous et notre État n'avons pas le temps pour de longues conférences sur l'histoire. Je ne parlerai donc pas du passé, je parlerai des réalités et de l'avenir.» Entre la Russie et l'Ukraine, deux visions du monde et du temps s'affrontent dans un même espace géographique.

Reste à justifier la guerre, qu'on n'appellera surtout pas par son nom : dans une poussée de langage orwellien, Poutine évoque une «opération militaire spéciale». Puis il rentre dans un registre inédit : l'Ukraine serait dirigée par «un gang de drogués et de néonazis», qui commettent un «génocide» dans le Donbass envers les populations russophones. Il s'agit là de la prolongation paroxystique d'un discours matraqué par les médias russes depuis huit ans et qui a doucement pénétré certains esprits européens. Peu importe que l'Ukraine se soit choisie à 73% un président d'origine juive sans que personne ne trouve rien à y redire, que la famille de ce même président ait été décimée par les nazis, que Kyiv soit une ville dans les rues de laquelle on parle presque plus russe qu'ukrainien et qu'un génocide des russophones par des Ukrainiens qui parlent russe eux-mêmes soit une aberration intellectuelle. La propagande russe n'a peur d'aucune contorsion. Les présentateurs des grands talk-shows comme Vladimir Soloviev ou Olga Skabeïeva, ou encore Margarita Simonian, la patronne du réseau Russia Today, le ministre des Affaires étrangères, Sergueï Lavrov et le personnel de ses ambassades à travers le monde, le porte-parole de l'armée Igor Konachenkov, tout le monde répète de concert : il faut «dénazifier» l'Ukraine.

La diabolisation de l'adversaire crée les conditions politiques et psychologiques justifiant toute action militaire ultérieure, mais également tout comportement, fût-il atroce, envers un adversaire à qui on nie ainsi toute humanité et tout droit à exister. Le discours de Vladimir Poutine relève-t-il de la bavure ? Non, il relève d'une continuité historique qui assimile à des fins de propagande le nationalisme ukrainien au radicalisme et au nazisme, en raison de la compromission d'une petite partie des nationalistes ukrainiens avec les nazis durant les premières semaines de l'occupation allemande de l'Ukraine de l'Ouest en 1941, et en raison des nettoyages ethniques commis contre les populations juive et polonaise dans les années 1940. Si le travail de mémoire de la société ukrainienne sur ces faits historiques est encore lent, absolument rien ne permet d'affirmer que la nation est dirigée à son sommet par des nazis.

C'est pourtant le discours que martèlent depuis des années les dirigeants russes. Dmitry Medvedev, président de la fédération de Russie de 2008 à 2012 avant de devenir Premier ministre puis vice-président du Conseil de sécurité, assure que « le radical ukrainien d'aujourd'hui s'est formé sur les bancs de l'école », signifiant que dans ce pays, on est nazi dès la prime enfance. Le discours des politiques est repris sans filtre et amplifié dans les débats télévisés de la première chaîne et par les organes de propagande russes, qui conditionnent la société à ce discours sur les *khokhol*, un terme extrêmement péjoratif pour désigner les Ukrainiens.

En réalité, l'extrême droite en Ukraine ne récolte guère plus que 2 % lors des scrutins nationaux et le discours national-patriotique conservateur est capté par d'autres partis, restant dans le cadre démocratique. On assiste donc à la construction d'une idéologie officielle de la part de Vladimir Poutine, autour de l'idée que son régime est légitime, puisqu'il combat le mal absolu : le nazisme. D'où la gigantesque machine de propagande qui encense à l'infini les sacrifices du peuple russe pendant la Seconde Guerre mondiale, oubliant au passage ceux des autres nations de l'Union soviétique, y compris l'Ukraine. Certes, les Soviétiques ont payé un énorme tribut pour vaincre le nazisme. Dans son discours historique, le régime poutinien instrumentalise la dernière guerre, en prenant soin d'ignorer quelques détails comme le Pacte germano-soviétique de 1939, le partage de la Pologne et les atrocités du stalinisme.

Derrière l'extrême paranoïa de ce discours historique point la question essentielle, qui n'est pas la sécurité nationale, menacée par les avancées de l'Otan dans les anciennes républiques soviétiques, mais plutôt la survie même du régime russe actuel. Dans son allocution télévisée le 21 février, ce n'est qu'à la trente-quatrième minute que Vladimir Poutine prononce pour la première fois le mot «Otan», un terme qu'il répétera certes quarante fois dans les trente-neuf minutes restantes. Un des idéologues du pouvoir russe actuel, Timoféï Sergueïtsev, révèle le fond du verbiage antinazi à

Moscou : «La particularité de l'Ukraine moderne nazifiée réside dans l'amorphisme et l'ambivalence, qui permettent au nazisme de se déguiser en un désir d'indépendance et une voie de développement européenne, occidentale, pro-américaine[1].» Voilà le véritable problème : l'Ukraine rêve d'Europe, s'envisage dans l'Occident, et celui-ci pourrait à son tour séduire le peuple russe.

Du bluff à l'invasion

Début avril 2021, la tension monte aux frontières de l'Ukraine ainsi que sur les 457 kilomètres de ligne de front du Donbass. Depuis sept ans, les soldats des deux camps se font face dans cette guerre à basse intensité, mais bien réelle, parfois séparés de seulement quelques dizaines de mètres, comme à Avdiivka, aux portes de Donetsk. Le cessez-le-feu annoncé par Volodymyr Zelensky à l'été 2020 n'est plus qu'un vague souvenir. Les accrochages se multiplient : les forces soi-disant séparatistes, qui se confondent avec celles de la Russie en tant que telles, visent systématiquement les positions ukrainiennes avec des tirs de snipers. La tactique est simple : tuer des soldats ukrainiens, provoquer leur armée, afin que celle-ci réponde

---

1. «Ce que la Russie doit faire avec l'Ukraine», Ria Novosti, 3 avril 2022.

avec des tirs d'artillerie, de façon disproportionnée, et rendre ainsi Kyiv responsable d'une escalade du conflit et d'un échec du processus de paix Minsk-2.

Volodymyr Zelensky se rend alors dans le Donbass. Il enfile un gilet pare-balles et s'enfonce un casque sur la tête. Encore une fois. Il part inspecter la frontière avec la Russie et la ligne de contact, marchant dans les tranchées boueuses des positions ukrainiennes. Début 2019, beaucoup de soldats n'arrivaient pas à se faire à l'idée qu'un humoriste sans expérience de la chose militaire devienne leur commandant en chef. Pour donner des gages, celui-ci a multiplié les visites dans les casernes, partageant le bortsch avec les soldats, compensant ses handicaps initiaux par deux armes : la patience et la sincérité. Zelensky et son équipe ont également une intuition : le ministère de la Défense doit être confié à des civils ayant un profil de bons managers, plutôt qu'à des haut gradés formés au temps de l'Union soviétique. Petit à petit, le président place ses hommes. L'un d'entre eux, très apprécié des diplomates occidentaux, monte en puissance : Oleksiy Reznikov. Le futur ministre de la Défense est un avocat à qui l'on a confié le ministère de la Réintégration des territoires temporairement occupés.

Cette fois-ci, la situation est explosive : Moscou est en train de déployer, aux portes de l'Ukraine, des dizaines de milliers de militaires, prétendument pour des manœuvres militaires. Quatre-vingt mille soldats sont acheminés en quelques semaines. En 2008, les exercices «Kavkaz 2008» («Caucase 2008») avaient servi de prétexte à la Russie pour positionner des divisions entières au nord de la Géorgie, avant de l'envahir au cœur de l'été. Tbilissi avait le tort de ne rêver que d'Occident, de vouloir se rapprocher de l'Otan, après avoir perdu le contrôle sur deux régions séparatistes, l'Abkhazie et l'Ossétie du Sud, soutenues par Moscou. À l'époque, le Kremlin accusait déjà la Géorgie d'être nazie. Des hackers russes s'étaient attaqués aux sites web officiels du pays, plaçant en page d'accueil une photo du président Mikheil Saakachvili affublé de l'immonde petite moustache d'Hitler.

Le scénario va-t-il se répéter en Ukraine ? Dès le 21 février 2021, le ministère russe de la Défense annonce le déploiement de 3 000 parachutistes à la frontière. Mais très vite, les chiffres gonflent : une kyrielle d'unités en tous genres est déployée, non seulement aux abords du Donbass, mais aussi en Crimée, ainsi que dans la région russe de Belgorod, proche de Kharkiv. Les réseaux sociaux fourmillent d'images de véhicules militaires, de jeunes soldats russes patrouillant dans les plaines et les forêts, pataugeant sur des chemins défoncés, couchés à plat ventre contre les talus, l'arme au poing, montant des camps de base en lisière de bois de bouleaux.

Moscou fait monter la pression : les leaders des républiques populaires autoproclamées de Donetsk et de Louhansk, qui obéissent au doigt et à l'œil au Kremlin, s'affirment «provoqués» par les forces ukrainiennes et s'autorisent à procéder à des «tirs préventifs en vue de la destruction» sur des positions militaires ennemies. Le 16 mars, un hélicoptère russe de type Mil Mi-8 fait une légère incursion au-dessus du territoire ukrainien, dans la région de Soumy (Nord-Est). Dix jours plus tard, quatre militaires ukrainiens sont tués sur la ligne de contact. Le 1ᵉʳ avril 2021, la fédération de Russie refuse de renouveler le cessez-le-feu dans le Donbass.

Pendant ce temps, Volodymyr Zelensky approuve la «stratégie de désoccupation et de réintégration du territoire temporairement occupé de la République autonome de Crimée et de la ville de Sébastopol», élaborée par son Conseil national de sécurité et de défense, une instance sur laquelle il s'appuie de plus en plus. Ce document définit un ensemble de mesures diplomatiques, militaires, économiques, informationnelles ou humanitaires visant à faire revenir la Crimée dans le giron ukrainien. Zelensky décide même d'organiser une «Plateforme de Crimée», un sommet international, qui se déroulera à Kyiv le 23 août 2021, pour mobiliser la diplomatie mondiale. Moscou, qui a accéléré la militarisation de la région, est ulcéré par cet activisme. L'Otan lance quant à elle une série d'exercices militaires appelés «Defender Europe 2021», les plus importants que l'Alliance atlantique ait organisés depuis des décennies : ils mobilisent, de mars à juin, 28 000 soldats et officiers de 27 nations sur 30 zones d'entraînement, sur le territoire d'une douzaine de pays. Moscou accentue encore sa pression autour de l'Ukraine qui se retrouve bientôt entourée par près de 100 000 hommes.

Une gigantesque partie de poker menteur se déroule autour du tapis ukrainien. Nombre d'experts occidentaux estiment que Vladimir Poutine bluffe et n'a pas l'intention d'envahir le territoire. C'est aussi l'avis de beaucoup de services de renseignements européens, qui sous-estiment l'obsession ukrainienne historique des dirigeants russes. Poutine voudrait redonner à son pays son statut de grande puissance internationale, entend-on ici, il cherche avant tout à parler en tête à tête, d'égal à égal, au nouveau président américain Joe Biden, lit-on là. Car Joe Biden, élu fin 2020, est l'incarnation de l'Amérique que la Russie aime détester : démocrate, moralisante, active sur la scène internationale. Son élection inquiète à Moscou, bien que le nouveau locataire de la Maison-Blanche ait fait de l'ascension de la Chine sa priorité géopolitique, et qu'on le sente prêt à ranger le dossier russe dans un tiroir. Poutine sent très bien que les Américains n'ont pas la tête en Europe, alors il continue d'avancer ses pions dans le dossier ukrainien.

En réalité, nombre d'observateurs peinent à comprendre que Vladimir Poutine agit en Ukraine de manière certes rationnelle, mais aussi terriblement émotionnelle. Pour les dirigeants du Kremlin, l'Ukraine est perçue comme une question existentielle. L'identité politique impériale, que le régime de Poutine travaille à remettre en avant, est consubstantielle à l'idée de contrôle de la Russie sur l'Ukraine et sur sa capitale, Kyiv, considérée dans l'imaginaire russe comme «la mère des villes russes». Les terres charbonnières du Donbass n'ont que peu de valeur pour Vladimir Poutine, elles sont un boulet. Ce qui importe est d'empêcher Kyiv de prendre un chemin civilisationnel européen divergeant, et de maintenir l'Ukraine dans un voisinage proche. Les arguties historicistes sont largement aussi conséquentes que les missiles américains, que l'Otan n'a en réalité jamais eu l'intention d'installer en Ukraine.

Pour le Kremlin, le temps est compté : depuis la révolution de Maïdan, la Russie perd les uns après les autres ses leviers d'influence dans le pays. Parmi les jeunes générations, l'usage de la langue ukrainienne progresse et beaucoup d'habitants délaissent les produits culturels russes. Depuis la signature de l'accord d'association entre l'Ukraine et l'Union européenne, ainsi que la suppression des visas dans l'espace Schengen en 2017, les Ukrainiens voyagent en masse en Europe et cherchent du travail. Kyiv regarde désormais vers Berlin, Varsovie, Vilnius ou Prague, et beaucoup moins vers Moscou. Les partis pro-russes s'affaiblissent structurellement et n'attirent plus qu'un électorat vieillissant dans certaines régions du Sud et de l'Est. Enfin, en 2019, une Église orthodoxe d'Ukraine unifiée est née, reconnue par le patriarche œcuménique de Constantinople, marginalisant la puissante Église orthodoxe ukrainienne du Patriarcat de Moscou, bras armé du Kremlin.

La campagne militaire de Vladimir Poutine en 2021 a aussi pour élément déclencheur un motif personnel, à ne surtout pas négliger. Le 2 février, Volodymyr Zelensky signe un décret interdisant de diffusion trois chaînes de télévision à l'orientation pro-russe : Zik, NewsOne et 112. Ces médias qui relaient la propagande du Kremlin ont éreinté Zelensky, surtout depuis le début de la pandémie de Covid-19, en demandant notamment l'utilisation du vaccin russe Sputnik-V en Ukraine, ce qui est impensable pour une grande majorité de la population. Or, toutes les trois appartiennent à Viktor Medvedtchouk, un politicien affairiste, principal relais de Vladimir Poutine dans le pays depuis de nombreuses années.

Les deux hommes se sont rencontrés lorsque Medvedtchouk dirigeait l'administration présidentielle sous Leonid Koutchma, entre 2002 et 2005.

Il a alors noué des relations personnelles avec Vladimir Poutine, qui a pris la tête de la Russie en mai 2000. À l'époque, Koutchma conduisait une politique d'équilibre entre la Russie et l'Occident. Il souhaitait maintenir de bonnes relations avec Moscou, qu'il craignait, et se maintenait au pouvoir grâce à une pléthore d'arrangements avec son voisin, dont le gaz russe vendu au rabais et des prêts consentis à faibles taux d'intérêt. En échange, Kyiv ne faisait pas de vagues. Dans l'ombre, Viktor Medvedtchouk, au cœur de ces échanges de bons procédés, s'assurait que toutes les parties s'y retrouvent.

En 2004, Vladimir Poutine accepte de devenir le parrain de la petite Daryna, la fille de Viktor Medvedtchouk. Les familles se rapprochent et les deux hommes sont filmés tout sourire en bras de chemise blanche dans la villa du chef de l'administration présidentielle ukrainienne en Crimée, surplombant les eaux bleues de la Mer noire. Dans un élan de belle humeur, le bon parrain venu de Moscou porte à bout de bras la petite Daryna, en robe à fleurs. En Russie comme en Ukraine, on appelle cela être des *koum* : être le parrain ou la marraine d'un enfant crée un lien d'obligation et de fidélité réciproque entre les parents. Les liens entre *koum* structurent puissamment la vie politique en Ukraine.

Considéré comme toxique après la révolution de Maïdan, Viktor Medvedtchouk est utilisé par Petro Porochenko comme canal de discussion direct avec Poutine sur des dossiers liés au Donbass, notamment la libération de prisonniers. Jusqu'en 2021, le député dirige la plate-forme d'opposition pro-russe « Pour la vie » qui mène la vie dure à Zelensky et, malgré un étiage électoral relativement bas, se classe régulièrement deuxième parti dans les sondages. Début février 2021, Volodymyr Zelensky dégaine : son Conseil national de sécurité soupçonne Viktor Medvedtchouk de financer les prétendus séparatistes du Donbass. Il est accusé de trahison. On gèle ses avoirs et on débranche ses télévisions. Zelensky a ciblé un membre de la famille de Poutine, le seul homme en qui le maître du Kremlin ait confiance en Ukraine. Pour lui, c'est une véritable déclaration de guerre.

Alors que les ponts, déjà peu nombreux, se rompent un à un entre Kyiv et Moscou, Volodymyr Zelensky se tourne plus résolument vers Washington. Après les tourments de l'ère Trump, il veut plaire au nouveau président américain. La nouvelle équipe dirigeante ukrainienne souhaite « offrir un cadeau de bienvenue à l'administration Biden », comme le confie un proche collaborateur de Zelensky au reporter Simon Shuster, spécialiste de la Russie et de l'Ukraine pour le magazine *Time*. Le clan Zelensky projette de faire d'une pierre deux coups :

d'abord, neutraliser un opposant dangereux, pro-russe certes, mais qui est surtout en train de grignoter des intentions de vote dans l'électorat populaire du Sud-Est ; ensuite, donner des gages à la Maison-Blanche.

La justice ukrainienne s'attaque donc à Medvedtchouk. En mai 2021, le sous-marin du Kremlin est assigné à résidence. Poutine est vert de rage. « C'est une purge manifeste du champ politique » qui menace de faire de l'Ukraine une « sorte d'anti-Russie », déclare-t-il abruptement. Or, pour lui, il n'y a pas d'Ukraine sans agents russes. « Soit la Russie dispose d'une certaine influence [en Ukraine] par des moyens pacifiques, soit elle dispose de cette influence par la force. Il n'y a pas de troisième option », déclare Oleg Volochine, un des bras droits de Medvedtchouk, à Simon Shuster.

Face à l'impressionnante mobilisation militaire russe aux portes de l'Ukraine au printemps 2021, Joe Biden consent à rencontrer Vladimir Poutine le 16 juin, à Genève. Le rendez-vous fixé, ce dernier ordonne à ses troupes d'opérer un retrait symbolique, de quelques dizaines de kilomètres. À Genève, le président russe entend obtenir de son homologue américain des concessions stratégiques : sur l'Ukraine, sur l'architecture de sécurité en Europe, sur l'Otan... Les Russes rentrent de Suisse remontés comme des pendules, satisfaits d'être apparus à la face du monde comme traitant d'égal à égal avec la première puissance mondiale, alors que leur produit intérieur brut n'est, lui, que le onzième de la planète...

Mais, bien que très préoccupé par son duel de titans avec Pékin, Washington ne lâche rien de substantiel à Moscou, et surtout pas un redéploiement de l'Otan en Europe. En octobre 2021, la Russie se remet à tisser sa toile militaire le long des frontières ukrainiennes. Le renseignement américain s'alarme et déclassifie certaines informations, mises sur la place publique par l'intermédiaire de la presse. À l'automne, les Américains prennent conscience qu'une invasion de l'Ukraine se prépare dans les mois à venir et, aspect nouveau, qu'elle interviendra également à travers le territoire du Bélarus, pays jusque-là resté neutre avec l'Ukraine. De semaine en semaine, le nombre de soldats russes aux portes du territoire augmente. La CIA partage ses informations avec ses homologues européens.

Zelensky est de mauvaise humeur. Les prévisions alarmistes des Américains commencent à secouer dangereusement l'économie de son pays. Les investissements directs étrangers dégringolent. La banque centrale doit tenir ferme la hryvnia, qui montre des signes de faiblesse. Toutes les semaines, le *Washington Post* ou *CNN* font de nouvelles révélations, évoquant même des frappes sur Kyiv. Le président ukrainien s'irrite et s'en prend publiquement aux Américains : « [Les États-Unis] participent à cette dynamique informationnelle qui est créée à nos frontières, ils ont compris qu'il y a des risques, ils ne cessent de l'exprimer, ils le font de manière aussi aiguë et brûlante que possible, à mon avis c'est une erreur, déclare-t-il fin janvier 2022. Je ne pense pas que la situation soit plus intense qu'en 2014. Je ne veux pas que l'Ukraine soit le résultat d'une confrontation entre les présidents Biden et Poutine. »

Selon un diplomate occidental proche du dossier, début février, Zelensky ne croit pas à l'hypothèse d'une invasion russe à grande échelle. À Kyiv, l'administration privilégie l'option d'un coup de pression militaire dans le Donbass. Pourtant, les Russes, en ce brûlant début d'année 2022, mettent la barre très haut : ils exigent sous forme d'ultimatum que l'Ukraine ne soit jamais admise dans l'Otan, mais aussi que Washington retire ses troupes d'Europe de l'Est. Le 18 janvier, le renseignement américain obtient la certitude définitive que Poutine va déclencher la guerre. Ce sera chose faite le 24 février, au petit matin.

6

L'Occident compliqué

Premiers pas

L'élection présidentielle ukrainienne de mars 2019 s'annonçait ennuyeuse, elle sera en réalité tout à fait excitante et d'une radicale modernité, surprenante, rafraîchissante, voire inquiétante. Les médias internationaux et la communauté des experts en affaires post-soviétiques découvrent le phénomène Zelensky/Goloborodko avec un mélange de stupéfaction, de curiosité, mais aussi de condescendance. Les rédactions se plongent dans la bio de Zelensky, dont la notoriété n'a pas dépassé les frontières des pays de langue russe, les plus courageux font connaissance avec le président Goloborodko en visionnant *Serviteur du peuple* sur Netflix ou YouTube.

Immédiatement, la presse internationale en appelle aux clichés : «Le Coluche ukrainien», titrent les sites français, tandis qu'en Italie, on compare l'homme à Beppe Grillo et son Mouvement 5 Étoiles. Tout le monde veut faire connaissance avec Zelensky, qui joue à cache-cache avec la presse, après une interview ratée avec la BBC qui l'a cuisiné sur ses liens avec l'oligarque Ihor Kolomoïsky. L'équipe de relations publiques de Kvartal 95 se démène pour éviter de laisser son champion en tête à tête avec un journaliste étranger, établissant une sorte de cordon sanitaire autour du candidat, comme pour cacher le vide initial de son programme politique. Les débuts sont franchement difficiles pour le «candidat Instagram». Alors que la fusée décolle dans les sondages, un frisson s'empare de la communauté diplomatique à Kyiv, notamment du «Groupe des ambassadeurs du G7 en Ukraine», une instance informelle très influente qui maintient un contact permanent avec les autorités nationales. «L'idée même de voir un type comme Zelensky devenir commandeur en chef des armées dans un pays en guerre nous plonge dans une insondable perplexité», nous confie début 2019 un diplomate européen en poste dans la capitale.

Tous les ambassadeurs souhaitent rencontrer le candidat, le jauger, se faire un avis sur la question, et abreuver leurs gouvernements de notes. Certains obtiennent une entrevue, mais mi-février 2019, une première rencontre est organisée, sous forme de grand oral, entre Volodymyr Zelensky et les ambassadeurs européens. Fini Instagram et YouTube, c'est un Zelensky très nerveux qui s'avance ce jour-là dans la salle de réunion de la Délégation de l'Union européenne à Kyiv. Le comédien n'a pas envie de faire le clown, il est dans ses petits souliers. Sa démarche un peu robotique au moment où il s'avance vers les diplomates trahit une forme de réticence à entrer dans cette arène feutrée. Il ne sait pas bien comment se comporter, saluer ces personnalités respectables qui ne sont pas de son monde. Après quelques propos liminaires des plus vagues, il se dit prêt à répondre aux questions des diplomates. Prêt? Pas vraiment. En fait, pas du tout…

« Il n'était pas bon, ne maîtrisait absolument pas les dossiers, ni même parfois les bases élémentaires de certaines questions internationales, confie un des ambassadeurs présents dans l'assemblée. Et je ne parle pas de son mauvais anglais! Il devait tout se faire traduire, y compris les questions les plus simples. Zelensky s'efforçait de parler en ukrainien, qui n'était pas bon. Ses réponses, ou ses esquisses de réponses, étaient très générales. En fait, pour chaque question, il se tournait systématiquement vers Rouslan Stefantchouk, un juriste qui avait été le principal rédacteur de son programme et faisait figure d'idéologue du parti Slouga Narodou tout juste créé. Stefantchouk était plutôt bon, mais il présentait un peu mal, son costume n'était pas très ajusté. Nous en sommes tous sortis déçus. Et si c'était lui qui devait diriger les affaires du pays dans deux mois!» raconte un des ambassadeurs présents dans la salle.

La presse nationale, que Zelensky évite aussi soigneusement, est assassine. «Les représentants étrangers sont principalement préoccupés par la question de la sécurité nationale, car avec Vladimir Poutine et sa politique agressive aux portes du pays, avoir un président non préparé pour l'Ukraine constitue un gros risque», écrit ainsi l'hebdomadaire de référence *Novoe Vremya* (*NV*), qui a obtenu des échos de cette rencontre. Les observateurs notent avec inquiétude la compréhension extrêmement approximative de Volodymyr Zelensky de notions telles que l'Otan, l'OSCE, le mode de fonctionnement de l'Union européenne, les questions macroéconomiques, le dossier du gaz avec la Russie, voire le fonctionnement des institutions étatiques ukrainiennes.

«Nous sommes tous sortis perplexes de cette rencontre, témoigne encore Isabelle Dumont, alors ambassadrice de France en Ukraine et désormais membre de la cellule diplomatique d'Emmanuel Macron à l'Élysée. Mais même s'il n'était pas au point sur les dossiers, il dégageait, derrière sa timidité, un charisme certain et une solide détermination. Le fait qu'en quelques semaines il ait pris une place solide dans les sondages montrait qu'il se passait quelque chose avec cette candidature. Ensuite, il a travaillé sur tout, sur le fond, sur son anglais.

Quelques mois plus tard, ce n'était plus le même homme», poursuit la diplomate, très au fait des questions ukrainiennes.

Selon plusieurs sources, l'équipe de Zelensky est ressortie assez traumatisée de ce premier rendez-vous avec la communauté internationale. Le candidat met alors les bouchées doubles, demande des fiches. Plusieurs personnalités qualifiées de réformistes rejoignent son camp, aussi bien par rejet de Petro Porochenko, qui a douché les espoirs de la génération Maïdan, que pour «remplir la page blanche» de la candidature Zelensky. «Comme on ne sait pas exactement ce qu'il veut faire et qu'il n'a pas vraiment de programme, peut-être qu'on pourra lui suggérer de faire certaines choses qui sont importantes pour le pays», confie alors un ancien ministre de Petro Porochenko qui a rejoint l'équipe sans enthousiasme. L'homme s'entoure régulièrement d'Oleksandr Danyliouk, ancien ministre des Finances de Petro Porochenko, qui a notamment piloté... la privatisation de PrivatBank. En réalité, lors des rares rendez-vous publics, les conseillers répondent souvent aux questions à la place du candidat. Zelensky, quant à lui, qui a pris pour habitude de filmer pour Instagram ses séances de sport à la salle de gym le matin, redouble d'efforts pour mieux maîtriser la langue ukrainienne. Quand le fond n'est pas encore assimilé, il capitalise sur son expérience d'acteur et sa capacité à mémoriser des textes pour faire bonne figure.

Le 31 mars 2019, au soir du premier tour, Volodymyr Zelensky obtient 30,24 % des suffrages, contre 15,95 % pour le président sortant. La vague « Ze », comme on appelle désormais le phénomène, a déferlé. Les politologues et les sondeurs font leurs calculs : Petro Porochenko ne pourra pas rattraper son retard. La présidence française, qui joue un rôle très important dans les négociations entre l'Ukraine et la Russie, en tant que marraine du format Normandie, décide d'inviter à Paris les deux candidats qualifiés au second tour. Ils se succéderont sur le perron de l'Élysée le 12 avril suivant, dans l'après-midi.

« Volodymyr Zelensky voulait bien préparer cette rencontre. Il est venu me voir pour ce faire. Il était anxieux. C'était sa première rencontre avec un chef d'État, hormis les présidents de son pays. Il me posait des questions, notamment liées au protocole. Mais surtout, nous avons beaucoup parlé de sa vision des négociations avec la Russie, de la nécessité absolue de préserver l'unité ukrainienne : il voulait faire la paix avec la Russie, il n'était ni haineux ni belliqueux, mais cette paix ne devait pas se faire au détriment de la souveraineté de l'Ukraine », se souvient l'ambassadrice Isabelle Dumont. Le voyage en classe économique dans un avion Air France Kyiv-Paris est surréaliste. Le futur président n'a guère l'occasion de s'asseoir durant les trois heures que dure le vol. «Chaque passager a dû faire son selfie avec lui, se remémore, amusée, la diplomate française. Il s'est prêté à l'exercice sans rechigner, entre un brin de gêne et un vrai enthousiasme.»

Si les premiers pas de Volodymyr Zelensky sont aussi hésitants, ce n'est pas seulement dû à son inexpérience, c'est aussi parce que l'Europe ne fait pas totalement partie de son horizon. Le monde réel de Zelensky, c'est alors encore pour quelque temps l'Ukraine, «avec un certain provincialisme», note un journaliste ukrainien signalant qu'il y a peu de Kiéviens dans l'entourage du candidat, mais c'est aussi la Russie, dont il maîtrise les codes, ou bien encore la Turquie où, tous les étés, Kvartal 95 organise un festival d'humour au soleil. En 1929, Charles de Gaulle partait «vers l'Orient compliqué [...] avec des idées simples». En ce printemps 2019, Zelensky aurait pu dire : «Vers l'Occident compliqué, je volais avec des idées simples.» En vérité, l'apprentissage de l'Occident politique va s'avérer très compliqué pour le jeune président...

Face au show Trump

«*Sorry, but I don't want to be involved to democratic, opened... vybori?*» («Pardon, mais je ne veux pas être impliqué dans une… *vybori?*») Volodymyr Zelensky a certes fait des progrès en anglais, mais ce n'est pas encore tout à fait ça. Il se retourne vers l'interprète pour faire traduire le mot ukrainien : «*Elections! Elections of USA…*» L'accent est lourd, le vocabulaire imprécis, des fautes ponctuent chaque sortie. Volodymyr Zelensky est à la peine, en ce 25 septembre 2019, en marge de l'Assemblée générale des Nations unies, son premier voyage en tant que président aux États-Unis d'Amérique. Il est assailli par les questions de la presse américaine, dans cette salle du Lotte New York Palace Hotel, où il est assis au côté de Donald Trump. La première rencontre entre ces deux phénomènes atypiques de la politique mondiale était très attendue : pas seulement parce qu'on a comparé, souvent à tort, l'ascension de Zelensky au phénomène Trump, mais parce que les États-Unis sont en plein «Ukraine-gate». La politique intérieure ukrainienne s'est bizarrement invitée au menu de la campagne électorale américaine, et cette dernière pollue les premiers mois du mandat de Zelensky.

Pourtant, l'homme et son équipe de presse savaient bien qu'il faudrait aborder ces embarrassantes questions. Pour se donner une contenance et un air décontracté, l'Ukrainien tente d'adopter l'attitude bonhomme du showman américain. Seulement, Donald Trump a relevé l'échine, et Zelensky a le dos arrondi, comme s'il voulait s'enfoncer sous terre. À quelques mètres de là, hors du champ des caméras, les diplomates de carrière du ministère des Affaires étrangères ukrainien serrent les dents, en constatant la maladresse de leur président qui, décidément, passe pour un bleu et multiplie les gaffes.

Volodymyr Zelensky déplore ainsi fort peu diplomatiquement que Barack Obama, le prédécesseur de Donald Trump, «n'ait pas trouvé le temps de venir en Ukraine». Les journalistes sourient devant tant de candeur. Son homologue trouvera peut-être le temps de visiter «[notre] grand pays», où il ne s'est jamais rendu? «Je vais essayer», marmonne l'intéressé, avec une moue et un ton qui indiquent qu'il a franchement mieux à faire. Peut-être pour être agréable à Volodymyr Zelensky, ou bien pour ajuster la discussion vers un de ses centres d'intérêt, Donald Trump rappelle qu'une Ukrainienne a déjà remporté le concours de Miss Univers, organisé par une de ses sociétés. Un ange passe.

Les deux présidents se reniflent. Volodymyr Zelensky tente de séduire le locataire de la Maison-Blanche en jouant au VRP. Il lui parle d'opportunités, d'affaires en Ukraine, d'un nouveau gouvernement qui veut faire de son pays le plus prospère d'Europe, de lutte contre la corruption... Trump affiche un sourire de circonstance et se limite à deux points : un, que l'Ukraine fasse d'abord des progrès sur la paix au Donbass avec Vladimir Poutine; deux, que

Kyiv fasse ses devoirs en réglant la question de la corruption. Seulement, en matière de nettoyage des écuries d'Augias, le président américain a un tout autre agenda en tête que celui des réformistes ukrainiens : abattre politiquement celui qui pourrait l'empêcher d'effectuer un second mandat à la tête des États-Unis, Joe Biden.

En fait, pour Volodymyr Zelensky alors en tout début de mandat, les États-Unis sont un véritable casse-tête, traînant une odeur de scandale permanent. Dès les jours qui suivent l'élection du comédien, les hommes de Trump mettent leurs grosses pattes à Kyiv. Des émissaires débarquent dans la capitale, mandatés par Rudy Giuliani, l'avocat personnel de Donald Trump. Par messageries interposées ou par l'entremise de personnalités politiques ukrainiennes, Giuliani tente d'obtenir un accès direct et très intéressé à Zelensky, qui est obligé d'installer des filtres. Le 25 juillet 2019 a lieu la toute première discussion téléphonique entre les deux présidents. On l'apprendra par la suite grâce à un lanceur d'alertes, Trump tente au bout du fil de faire pression sur son jeune homologue pour qu'il fasse «quelque chose avec le procureur général» d'Ukraine. Il aurait demandé à Zelensky de lancer la justice de son pays contre Joe Biden, alors que la campagne américaine se prépare.

Bienvenue dans le marigot de l'affaire Burisma! Tout commence en 2014, après l'offensive russe dans le Donbass. Barack Obama décide de renforcer le soutien de son administration à Kyiv. À l'époque, son «M. Ukraine» n'est autre que le vice-président Joe Biden. Dès avril 2014, ce dernier exhorte le gouvernement ukrainien à réduire sa dépendance à l'égard du gaz russe. Il s'agit de faire perdre à Moscou un de ses principaux leviers d'influence via la société Gazprom. En juin 2014, Hunter Biden, le fils du vice-président, est nommé au conseil d'administration de Burisma, une des principales sociétés gazières ukrainiennes, dirigée par un petit oligarque pro-russe, Mykola Zlochevsky. Problème, Hunter Biden, néophyte dans le secteur de l'énergie, n'a jamais mis les pieds en Ukraine. Cela ne l'empêche pas d'empocher des émoluments grassouillets pour ses maigres services, jusqu'à 83 000 dollars certains mois[1]. Rien d'illégal, diront plus tard les juristes, mais côté morale, la manœuvre fait tache, alors que le paternel n'a de cesse de faire la leçon aux Ukrainiens sur la lutte anticorruption.

En 2015, le procureur général d'Ukraine Viktor Chokine, un individu notoirement corrompu, vestige de l'ère Ianoukovitch, diligente des enquêtes contre Burisma. Commande politique ou tentative d'extorsion auprès de la société gazière? On ne le

---

1. Ariel Zilber, «Hunter Biden "was paid $83,333 a month by Ukrainian gas company to be a 'ceremonial figure' with a 'powerful name' while his firm got a total of $3,4 million"», *Daily Mail*, 19 octobre 2019.

saura jamais vraiment. Toujours est-il qu'en janvier 2018, «Joe la gaffe», comme il est surnommé, fait la confidence de trop lors d'un débat organisé à Washington par le centre de réflexion Council on Foreign Relations. Biden est trop bavard : «Je me souviens être allé en Ukraine douze ou treize fois. Une fois, j'ai dit au Premier ministre [Arseni] Iatseniouk et au président [Petro] Porochenko que je n'autoriserai pas le milliard de dollars de garantie de prêts si le procureur Chokine n'est pas viré dans les six heures. Six heures plus tard, ce fils de pute était viré[1].» Le successeur de Chokine clôturera le dossier Burisma dix mois plus tard.

Ces révélations sont du pain béni pour Donald Trump qui tente d'exploiter l'affaire, dès lors que Joe Biden est choisi comme candidat des démocrates. Au printemps et à l'été 2019, une escouade d'avocats, d'intermédiaires et de diplomates américains tentent de tordre le bras de Volodymyr Zelensky pour qu'il rouvre le dossier Burisma. Le président est tétanisé : éconduire les hommes de Trump peut lui coûter très cher, alors que l'Ukraine a terriblement besoin d'une aide militaire américaine, et notamment de la livraison des fameux missiles Javelin, qui permettraient de contrer les chars russes. Mais si les démocrates venaient à

---

1. «Foreign Affairs Issue Launch with Former Vice President Joe Biden», site Internet du Council on Foreign Relations, 23 janvier 2018.

gagner l'élection, comment leur expliquer qu'à Kyiv, on a accepté de pactiser avec le diable ?

La nouvelle équipe dirigeante ukrainienne est encore très peu expérimentée. Sa colonne vertébrale est constituée des amis producteurs et scénaristes de Kvartal 95. Andriy Bogdan, le sulfureux avocat d'Ihor Kolomoïsky, a été nommé chef de l'administration présidentielle, mais il est surtout occupé à mettre en œuvre le programme de réforme domestique en « turbo-régime » que Zelensky souhaite impulser. Dans l'ombre, un homme monte : Andriy Yermak, un avocat et producteur audiovisuel, ami de longue date de Zelensky, qui le nomme très rapidement conseiller spécial sur les questions de politique étrangère. « À l'époque, Yermak est le seul dans le cercle proche de Zelensky qui ne parle pas trop mal anglais », confie une source. Yermak s'impose comme contact des Américains, mais en parallèle, il devient également l'interlocuteur des Russes, dans le cadre du processus de Minsk-2. Son ascension est fulgurante. L'homme suit le président comme son ombre. En février 2020, il est nommé chef du Bureau du président. Ce poste fait de lui le patron incontesté de Bankova. En 2022, alors que l'Ukraine est en guerre, Andriy Yermak est plus que jamais l'homme de confiance de Zelensky.

À l'été 2019, il apparaît clairement que Donald Trump a décidé d'instrumentaliser l'Ukraine et son président pour collecter des informations prouvant que Joe Biden s'est rendu coupable de pressions sur la justice ukrainienne pour mettre fin aux enquêtes sur Burisma et protéger son fils. L'objectif affiché est de mettre son adversaire au tapis. «On parle beaucoup du fils de Biden, du fait que Biden a arrêté la procédure, et beaucoup de gens veulent savoir, ce serait donc formidable si vous pouviez faire quelque chose avec le procureur général. [...] Biden s'est vanté d'avoir arrêté l'accusation, alors si vous pouviez vous renseigner», suggère malicieusement Donald Trump à Volodymyr Zelensky le 25 juillet. La transcription de la conversation est révélée juste avant la première visite de Volodymyr Zelensky aux Nations unies. On se croirait presque dans un épisode de la saison 4 de *Serviteur du peuple*...

Mais Zelensky fait l'apprentissage en direct de la *Realpolitik*. Sur fond de guerre avec la Russie dans le Donbass, l'allié américain exerce un chantage intenable sur lui : Donald Trump a ordonné à son chef d'état-major de suspendre une aide militaire de 400 millions de dollars à l'Ukraine tant que Kyiv ne se sera pas pliée à sa volonté. L'affaire connaîtra de nombreux rebondissements et aboutira à la mise en accusation de Trump le 18 décembre 2019 par la Chambre des représentants à Washington, et au troisième procès en destitution (*impeachment*) d'un président américain dans l'histoire. L'Ukraine s'invite aux informations sur tous les *networks* américains et Volodymyr Zelensky devient une célébrité, d'une manière dont il se serait sans doute bien passé.

Le chef de l'État ukrainien assure tout au long de ce mauvais feuilleton qu'il n'a subi aucune pression. «Personne ne peut faire pression sur moi, car je suis président d'un pays indépendant. La seule personne qui peut faire pression sur moi, c'est mon fils de six ans», déclare-t-il un jour, sans totalement convaincre. Son baptême du feu diplomatique aura relevé du bizutage violent, sur fond de dossiers cruciaux pour l'avenir, voire de survie de l'Ukraine : les projets gaziers russes visant à contourner le territoire ukrainien (Nord Stream 2) et les livraisons d'armement moderne pour résister aux visées de Vladimir Poutine dans le Donbass. L'affaire Burisma perturbera profondément les relations entre l'Ukraine et son allié stratégique américain, même après l'élection de Joe Biden en novembre 2020 : la nouvelle administration démocrate, censée être plus bienveillante envers l'Ukraine, adoptera une attitude méfiante à l'égard de l'entourage de Zelensky, comme si elle le soupçonnait toujours d'avoir été prêt à céder à Donald Trump. Zelensky, à plusieurs reprises, ne cachera pas son agacement devant l'attitude condescendante de Washington envers Kyiv. Le malentendu ne s'estompera pas complètement, même à la veille de l'invasion russe de l'Ukraine, en février 2022.

Rêve d'Europe

En langue ukrainienne, il existe une expression pour signifier qu'on ne choisit pas sa famille naturelle : *Sim'iou ne obyraiout*. Mais l'Ukraine, elle, durant la dernière décennie, a choisi sa famille géopolitique, c'est l'Europe. L'année 2013 a constitué une rupture dans la manière dont les Ukrainiens perçoivent leur place sur le continent européen. Le 21 novembre 2013, c'est la volte-face du président Viktor Ianoukovitch, lorsqu'il suspend, sur pression de Moscou, les préparatifs à la signature d'un accord d'association avec l'Union européenne, qui déclenche les manifestations de ce qu'on appellera par la suite la «révolution de la Dignité». La rupture de la promesse couplée à l'hyper-corruption du régime Ianoukovitch poussent un nombre grandissant d'Ukrainiens à vouloir rejoindre l'Europe, mais aussi, de manière pragmatique, à faire de cette aspiration un levier pour modifier leur société et leur État.

Qu'entend-on lorsque l'on dit que les Ukrainiens se sentent européens ? Une étude menée par trois des principaux instituts de sondages en 2017, avant la suppression des visas Schengen pour les Européens souhaitant voyager dans l'Union, révèle que 38 % des Ukrainiens se sentent européens, mais que 55 % d'entre eux n'adoptent pas cette identité. Le degré d'identification à l'Europe est plus élevé dans l'ouest du pays et dans les grandes villes, il décroît au sud et à l'est qui sont plus russophones. Mais surtout, le marqueur est générationnel : plus les Ukrainiens sont jeunes, plus ils se sentent européens. Seuls 27 % des Ukrainiens de plus de soixante ans se sentent européens. L'Europe est le choix massif de ceux nés après l'indépendance de 1991, tandis que ceux qui ont vécu une majeure partie de leur vie en Union soviétique y sont moins sensibles. De 2013 à 2017, le nombre d'Ukrainiens souhaitant l'adhésion de leur pays à l'Union européenne est passé de 42 % à 57 %, tandis que le pourcentage de ceux qui souhaitent une intégration dans un ensemble économique eurasiatique avec la Russie a brutalement chuté de 30 % à 8 %. L'étude ne prend néanmoins pas en compte les régions de Crimée et du Donbass, sous contrôle de la Russie.

2013-2014 constitue donc une rupture majeure pour les Ukrainiens, qui associent l'Union européenne à trois valeurs principales : d'abord le « bien-être matériel », ensuite « le sentiment d'être protégé par la loi », enfin « le respect des valeurs démocratiques et des droits des personnes ». Depuis la révolution de Maïdan, l'Europe a acquis une valeur quasi métaphysique pour beaucoup d'Ukrainiens : ce n'est pas Bruxelles que l'on plébiscite, on en connaît d'ailleurs très mal les mécanismes et les institutions sur les bords du Dniepr. Mais une majorité d'Ukrainiens a fait le choix de l'Europe comme espace de valeurs et vecteur de changements. De manière pragmatique, ils constatent qu'après 1991, leur niveau de vie était similaire à celui des voisins Polonais : très bas. Ces dernières années, ils ont observé le boom économique de la Pologne, devenue un pays d'émigration pour eux, un partenaire, un modèle économique. L'Europe déçoit aussi parfois. Depuis Bruxelles, on envisage l'Ukraine dans le cadre d'une «politique de voisinage», maintenant Kyiv en dehors de l'Union. À Kyiv, on s'impatiente, on voudrait déjà être dedans, sans toujours prendre conscience des réformes structurelles qu'ont dû réaliser les autres pays d'Europe centrale pour rejoindre la famille.

Pour Volodymyr Zelensky, l'Europe n'est pas un espace qui va de soi, au sens où l'entendaient les manifestants de Maïdan à l'hiver 2014. S'il est européen, c'est avant tout de manière pragmatique. Dans le monde qui l'a vu naître, la moitié méridionale et orientale plutôt russophone de l'Ukraine, l'Europe n'est pas une évidence. L'homme d'affaires avisé et aisé qu'est Zelensky a longtemps eu le regard tourné vers la Russie, dont le marché s'est tari en 2014 avec le début de la guerre. Au cœur des années 2010, Kvartal 95 exportait d'ailleurs ses programmes et séries dans plus de vingt pays, qui correspondent à la carte du monde russophone : Biélorussie, Kazakhstan, Azerbaïdjan, pays baltes, etc. Zelensky a aussi un faible pour la Turquie, où Kvartal 95 organisait tous les étés un festival d'humour. Président, il a noué une relation politique, économique et stratégique spéciale avec le président turc Recep Tayyip Erdoğan. Pour le millionnaire qu'est devenu Volodymyr Zelensky avec les contrats de 1 + 1, l'Europe, c'est avant tout sa propriété de quinze pièces à Forte dei Marmi, une localité de Toscane où il a pour voisins les oligarques russes Roman Abramovich et Oleg Deripaska, ou les appartements de Londres que la bande de Kvartal 95 a acquis pour une petite fortune[1].

Pour Zelensky, de même que pour ceux qui lui ressemblent ou qui vont voter pour lui, l'Europe, c'est avant tout un espace géographique où l'on va travailler et gagner sa vie, faute de pouvoir assurer le bien-être de ses proches en travaillant en Ukraine. C'est d'ailleurs à eux que s'adresse Zelensky lors de sa déclaration de candidature du 31 décembre 2018 :

---

1. En octobre 2021, le média d'investigation Slidstvo.Info, associé à un consortium d'enquête sur les « Pandora papers », révèle que Volodymyr Zelensky et ses associés de Kvartal 95 auraient omis de déclarer au fisc ukrainien environ 40 millions de dollars, issus de contrats audiovisuels avec l'oligarque Ihor Kolomoïsky, placés dans des différentes compagnies off-shore. Ces avoirs auraient permis l'achat d'au moins trois appartements dans le centre de Londres, dont un d'une valeur de 3 millions de dollars, situé sur Baker Street, non loin du musée Sherlock-Holmes.

sur la seule année 2019, les ressortissants ukrainiens ont reçu 660 000 permis de séjour pour des activités rémunérées dans l'ensemble des États membres. Ils constituent la main-d'œuvre extérieure de l'Union européenne la plus importante. Lors de ses débuts, le jeune président se sentira d'ailleurs immédiatement plus à l'aise avec les dirigeants des trois pays baltes ou de la Pologne qu'avec des interlocuteurs tels qu'Emmanuel Macron ou Angela Merkel. Au début de son mandat, l'homme n'a pas un discours européen tout prêt, articulé, conceptualisé, à la différence de son prédécesseur Petro Porochenko, bon anglophone, qui a appelé son parti «Solidarité européenne».

Mais l'un des traits caractéristiques du politicien Zelensky, c'est sa flexibilité. Sa force, c'est d'être un caméléon qui se colore des aspirations de ses concitoyens, plutôt que de leur proposer une voie. «Pour moi, le pays, c'est le peuple : nous sommes obligés de faire le maximum pour l'Ukraine, sinon [les Ukrainiens] devron[t] vivre ailleurs en Europe, explique-t-il en mars 2019, devant des journalistes internationaux. L'Europe est à nous, elle n'est pas à moi, les Ukrainiens ont fait leur choix et l'ont payé de leur sang, ils ont choisi l'euro-intégration, poursuit-il. Moi, je ne peux que les aider : oui, je voudrais que l'Ukraine rejoigne l'Union européenne et l'Otan, c'est ma position personnelle. Mais notre principe de base, c'est le pouvoir du peuple, et il devrait y avoir un référendum pour que les Ukrainiens décident des ensembles qu'ils veulent rejoindre.» Populiste à sa façon, Zelensky sait que son peuple a envie d'Europe, alors il se plie à sa volonté plutôt de bon gré.

Lors de son discours d'investiture, le 20 mai 2019, à la Verkhovna Rada, construit autour de l'idée centrale que «chacun de nous est président», Volodymyr Zelensky met en avant trois priorités pour son mandat : l'Europe, la lutte contre la pauvreté et la paix au Donbass. «Notre pays européen commence avec chacun d'entre nous, déclare-t-il. Nous avons choisi un chemin vers l'Europe, mais l'Europe n'est pas quelque part là-bas. L'Europe est ici, dans nos têtes, et après être apparue ici, elle sera partout, dans toute l'Ukraine. C'est notre rêve commun.» Quelques minutes plus tard, il touche une corde sensible qui parle à la majorité des 44 millions d'Ukrainiens : «Nous construirons un pays d'autres opportunités, où tout le monde est égal devant la loi, où il y a des règles du jeu justes et transparentes.»

Ces derniers mots ont une résonance particulière pour beaucoup de citoyens nés de l'autre côté de l'ancien rideau de fer. C'est justement ce désir de justice et de prospérité qui a poussé l'Ukraine vers l'Ouest, s'éloignant du modèle russe. «Derrière le mouvement de Maïdan, qui a commencé fin 2013, la question de la corruption était centrale. Une partie de la population a, certes, craint un rapprochement avec Moscou, mais c'est aussi que l'accord d'association avec l'Union européenne représentait une garantie d'État de droit et donc une arme contre l'affairisme de Ianoukovitch[1] », analyse ainsi la sociologue Ioulia Shoukan, maîtresse de conférences en études slaves à l'université de Paris-Nanterre, qui a multiplié le travail de terrain partout en Ukraine depuis 2014.

Cependant, cet accord d'association, proposé à six anciennes républiques soviétiques (Arménie, Azerbaïdjan, Bélarus, Géorgie, Moldavie, Ukraine), était porteur d'ambiguïtés. Pour certains États membres de l'Union européenne, il s'agissait d'une alternative à l'adhésion ; pour d'autres, d'un tremplin. Bien des pays européens, opinion et cercles dirigeants compris, étaient eux-mêmes partagés quant à une éventuelle extension de l'Union à de nouveaux pays de l'Est. Les capitales ont avant tout envisagé la question ukrainienne à travers le prisme de leur propre relation politique ou dépendance économique à la Russie. Toutes ces divisions ont pesé très lourd dans le soutien à l'Ukraine lors de l'invasion russe de février 2022.

Au fil des mois, avec ses voyages et rencontres officielles, Volodymyr Zelensky, plutôt bon élève,

---

1. Régis Genté, « Les sociétés bougent dans l'ex-empire soviétique », *Le Figaro*, 25 janvier 2022.

a appris à composer avec ces mille et une nuances du camaïeu européen. Mais la position d'un pays, et pas le moindre, lui restera en travers de la gorge, et tempérera ses ardeurs européennes. Ce pays, c'est l'Allemagne. Poids lourd de l'économie européenne, Berlin est le second exportateur en Ukraine, mais l'Allemagne est aussi celle qui achète la moitié du gaz russe arrivant en Europe en 2021. Le pays concentre à lui seul toutes les ambiguïtés européennes sur le dossier ukrainien. En 2011, après la catastrophe de Fukushima, la chancelière Angela Merkel prend la décision historique de renoncer au nucléaire civil. Dès lors, Berlin n'a de cesse d'augmenter ses achats de gaz auprès du géant russe Gazprom pour alimenter sa puissante industrie. La classe politique allemande soutient alors massivement le projet Nord Stream 2 : un gazoduc de 1 230 kilomètres, construit dans les fonds de la mer Baltique, d'une capacité de 55 milliards de mètres cubes par an, permettant donc de doubler les exportations russes vers l'Allemagne. L'ancien chancelier Gerhard Schröder, proche de Vladimir Poutine, devient alors président du comité des actionnaires de Nord Stream 2.

Le gazoduc est une priorité géopolitique de Vladimir Poutine : il permet à la Russie d'empocher des revenus quotidiens colossaux, d'asseoir une domination énergétique sur la principale économie européenne, et enfin d'affaiblir l'Ukraine en interrompant le transit du gaz russe à travers son territoire, privant Kyiv d'une manne de 1,5 milliard de dollars par an. Ces trois dernières années, l'achèvement de Nord Stream 2 pollue considérablement les relations entre l'Ukraine et l'Allemagne, et au-delà, l'Union européenne.

Pour Volodymyr Zelensky, à l'unisson de la classe politique ukrainienne, Nord Stream 2 est une « dangereuse arme géopolitique du Kremlin ». C'est ce qu'il explique à Angela Merkel lors de la visite de la chancelière à Kyiv le 22 août 2021, alors que Gazprom et les partenaires allemand et européens (dont la société française Engie) préparent l'achèvement du gazoduc. Cette dernière tente d'amadouer son hôte, évoque un nouveau contrat russe avec Kyiv, promet un milliard d'euros d'aide à l'Ukraine pour réaliser sa transition vers les énergies renouvelables. Mais la pilule ne passe pas, et Zelensky l'idéaliste fait de nouveau face au mur de la *Realpolitik*.

La relation de Kyiv à l'Allemagne est profondément abîmée, d'autant que durant l'année 2021, Berlin a tout fait pour freiner les livraisons d'armes à l'Ukraine par des pays tiers, alors que Kyiv souhaite renforcer son arsenal de canons d'artillerie, de missiles antichars et d'armes antisniper. La déclaration de guerre de Vladimir Poutine du 24 février et l'invasion d'une partie du pays semblent donner raison à Volodymyr Zelensky : en Europe, beaucoup comprennent soudain dans la stupeur qu'au-delà de l'Ukraine, le Kremlin utilisera le gaz comme une arme de guerre, ainsi que l'a déjà montré la flambée artificielle de son prix à l'automne 2021. À la veille de la guerre, juste après la reconnaissance par Moscou de l'indépendance des deux républiques populaires autoproclamées de Donetsk et de Louhansk, le nouveau chancelier Olaf Scholz suspend le processus de certification du projet Nord Stream 2. Une dizaine de jours plus tard, la société Nord Stream 2 AG dépose le bilan. Tout ça pour ça.

Profondément choquée par le conflit ukrainien, l'Allemagne commence timidement un *aggiornamento* géopolitique : Berlin annonce des premières livraisons d'armes à Kyiv pour contrer l'invasion russe. Mais Zelensky, devenu chef de guerre, enhardi, ne prend plus de gants pour dire le fond de sa pensée aux dirigeants allemands, à qui il reproche en substance de se coucher en permanence devant Moscou. Début avril, il se rend à Boutcha, une petite ville résidentielle de la banlieue nord-ouest de Kyiv, 36 000 habitants avant le conflit, occupée pendant presque un mois. L'armée russe vient de se retirer, laissant derrière elle des destructions inimaginables, après avoir commis des crimes de guerre, tortures et exécutions sommaires sur plus de 400 civils. Visiblement fatigué, profondément ému par ce paysage de désolation et l'ampleur des méfaits dont la révélation au monde constitue probablement un tournant dans la guerre, Volodymyr Zelensky se lâche. Devant les médias, il invite froidement Angela Merkel et Nicolas Sarkozy à venir en personne à Boutcha constater leur responsabilité dans le drame ukrainien. Il fait allusion au veto que l'Allemagne et la France ont mis en 2008 pour une entrée de l'Ukraine et de la Géorgie dans l'Otan, un refus né de «la peur absurde de certains responsables politiques à l'égard de Moscou», qui les a conduits à penser «qu'en rejetant l'Ukraine, ils pouvaient apaiser la Russie».

Au printemps 2022, Volodymyr Zelensky est plus européen que jamais, mais c'est un Européen de raison. Durant les deux premières années de sa présidence, le soutien des Ukrainiens à l'entrée dans l'Union a oscillé autour de 60%. Depuis le 24 février, la donne a changé : ils sont 91% à souhaiter que leur pays y adhère, selon un sondage publié le 5 avril par l'institut Rating. Le 31 mars, leur président signe une requête officielle pour rejoindre l'Union européenne. «Regardez, nous sommes en train de mourir pour les idéaux européens!» avait-il déclaré un mois plus tôt à CNN. Le même jour, il s'adresse par vidéo interposée aux députés du Parlement européen : «Nous avons prouvé notre force. Nous avons prouvé qu'au minimum, nous sommes exactement les mêmes [personnes] que vous. Alors, prouvez que vous êtes avec nous. Prouvez que vous ne nous laisserez pas tomber. Prouvez que vous êtes réellement des Européens.»

En avril, les forces russes quittent la région de Kyiv, tandis que la guerre continue de faire rage ailleurs dans le pays. Plusieurs dirigeants européens viennent apporter leur soutien à leur courageux homologue ukrainien. Le Premier ministre britannique Boris Johnson, quoiqu'il ne soit plus dans l'Union, est reçu avec les honneurs. Les trois présidents baltes et leur homologue polonais ont fait le voyage en train et tombent dans les bras de Zelensky. Le président allemand, Frank-Walter Steinmeier, devait les accompagner. Il a été déclaré *persona non grata* par la présidence ukrainienne pour avoir trop longtemps conduit une diplomatie au fond favorable à Moscou.

Le 9 avril 2022, c'est une Allemande qui entrouvre pourtant enfin les portes de l'Union aux Ukrainiens. La présidente de la Commission européenne, Ursula von der Leyen, fait le voyage à Kyiv. Après s'être recueillie devant la fosse commune de Boutcha, elle rencontre Volodymyr Zelensky à la maison des Chimères, une splendide bâtisse Art Nouveau du complexe présidentiel de Kyiv. «Je suis convaincue que l'Ukraine va gagner cette guerre, que la démocratie va gagner cette guerre, déclare-t-elle. La Russie va sombrer dans la

décomposition économique, financière et technologique, tandis que l'Ukraine marche vers l'avenir
européen, voilà ce que je vois.» Ursula von der
Leyen remet alors à Volodymyr Zelensky un questionnaire qui lui permettra de soumettre au Conseil
européen avant l'été la proposition de faire de
l'Ukraine un État candidat à l'accession à l'Union.
«La procédure ne prendra pas plusieurs années,
comme c'est souvent le cas, mais plutôt quelques
semaines», le rassure la femme d'État allemande.
«Nos réponses seront prêtes dans une semaine,
Ursula!» lui lance un Volodymyr Zelensky souriant.

7

Au rendez-vous de l'histoire

Une nation qui se soude

De quoi Volodymyr Zelensky est-il le nom? Il est sans doute depuis trente ans le premier chef d'État ukrainien à incarner, au travers de ses paroles et de ses actes, l'idée même d'une nation politique moderne. Le jeune président n'est pas un intellectuel, pas un penseur. C'est un homme d'État pragmatique, aux idées simples. Trop, lui reproche-t-on parfois. Il a bâti son aura sur sa capacité à générer des messages politiques forts. C'est cette aptitude à produire des discours dans lesquels chaque Ukrainien peut se retrouver qui fait sa force, faisant de lui le réceptacle d'une identité nationale ukrainienne en profonde mutation depuis 2014.

Dans le pays, l'histoire est en marche depuis trente ans et elle connaît au travers de l'expérience de la guerre une accélération inouïe. Depuis huit ans, mais plus encore depuis le 24 février 2022, nous assistons à l'avènement du dernier État-nation d'Europe, lequel connaît une sorte de baptême du feu en se confrontant à son ancienne puissance tutélaire impériale. Les historiens rappellent souvent que l'Ukraine a été une «nation sacrifiée» du XXᵉ siècle. En Europe centrale et orientale, plusieurs États sont nés sur les cendres des empires austro-hongrois et russe à la fin de la Seconde Guerre mondiale. L'Ukraine a connu sa première expérience étatique moderne, la République populaire d'Ukraine (1917-1921). Mais celle-ci n'a pas survécu à la guerre civile russe et, dans les traités de paix qui ont redessiné la carte de l'Europe après 1918, les grandes puissances ont privilégié la renaissance d'un État polonais à la création d'une Ukraine indépendante, sur des terres que deux nations revendiquaient. À la différence de la Pologne, de la Tchécoslovaquie ou de la Roumanie, l'Ukraine n'a pas pu prendre le train de l'indépendance.

Celle-ci n'est intervenue qu'en 1991, après sept décennies de soviétisme, un peu par inadvertance. Parfois, les Ukrainiens se disent que l'indépendance acquise cette année-là a été un cadeau empoisonné : elle est tombée sans que le peuple n'ait réellement eu à se battre pour elle. C'était avant tout le résultat de l'effondrement d'un système à bout de souffle. L'Ukraine a certes eu ses dissidents, mais elle n'a pas eu ses Lech Walesa et

Vaclav Havel, des hommes qui ont incarné et transcendé le peuple en un corps politique. Durant les années qui ont suivi la chute de l'URSS, l'Ukraine est restée cette nation incertaine : sans tradition étatique et sans élites politiques solides, divisée par les appartenances religieuses et linguistiques, secouée par le capitalisme sauvage post-soviétique, ses ressources pillées par les oligarques. Durant ses deux premières décennies, le pays s'est cherché.

Et si l'Ukraine était finalement en train de se trouver aujourd'hui ? Celle-ci connaît depuis huit ans un processus de transformation politique et d'unification accéléré, un chemin qui passe par l'épreuve douloureuse de la guerre. En trente ans, personne n'aura autant fait pour la consolidation de la nation ukrainienne que Vladimir Poutine ! Obsédé par la réintégration de cette dernière dans l'orbite de Moscou, le maître du Kremlin voit à chaque fois ses projets déjoués, au point qu'il a dû se résoudre à utiliser sa dernière carte : une guerre destructrice.

La Russie a systématiquement présenté depuis huit ans l'Ukraine comme un «État failli», dirigé par une «junte fasciste», un pays divisé entre ceux qui parlent ukrainien et russe, où l'État central pratique un «génocide» contre les populations russophones. Autant de qualificatifs outrés, sans rapport avec la réalité. Or, si des divisions ont bel et bien existé, celles-ci sont petit à petit en train d'être surmontées et l'Ukraine se considère désormais comme un État unitaire, mais pluriel, doté d'une conception incluante de sa citoyenneté.

Lors de la Révolution orange en 2004, les bassins industriels russophones de l'Est, notamment le Donbass, se sont massivement mobilisés contre la contestation pro-occidentale à Kyiv. À partir de là, beaucoup d'analystes ont adopté une grille de lecture binaire de la société ukrainienne : d'un côté, les Ukrainiens de l'Est, russophones, qui seraient donc pro-russes, et de l'autre, leurs concitoyens de l'Ouest, ukrainophones, donc pro-occidentaux. Trop simpliste, cette vision du territoire omet un processus dynamique historique : les Ukrainiens qui ont connu principalement l'expérience politique et sociale de l'URSS vieillissent, tandis que la nouvelle génération, née dans une république indépendante, est devenue adulte et prend le pays en main.

En 2014, la nouvelle révolution de Maïdan, si elle a suscité des oppositions dans la société, n'a pas généré de rejet majeur. Les grands bassins de population de Kharkiv, Dnipro ou Odessa ne se sont pas opposés au projet politique de Maïdan, ils l'ont approuvé en silence, ce que les élections ont confirmé. À Donetsk et à Louhansk, un séparatisme armé a été forgé en 2014, que Moscou s'est plu à appeler le «Printemps russe». Façonné, soutenu, financé et structuré par la Russie[1], il a abouti à une guerre très meurtrière. Mais on oublie trop souvent qu'à Donetsk, en avril 2014, les meetings publics favorables à l'unité de l'Ukraine rassemblaient bien plus de monde que les ralliements séparatistes.

Ce sentiment pro-russe existe toujours dans le Donbass. Il s'explique par des raisons socio-économiques, par le déclin des industries lourdes, par la fermeture, à l'horizon 2040, des mines de charbon et par la nostalgie d'un modèle social soviétique qui assurait une stabilité à toutes les couches de la population. Mais le Donbass lui non plus n'est pas monochrome. «Le Donbass de 2022 n'est plus le même que celui de 2014. Désormais la jeunesse a compris qu'il fallait changer les choses, confie ainsi Nikita Pereverzev, vingt-deux ans, responsable du mouvement de jeunesse Skhidniak à Kramatorsk, rencontré mi-février 2022. L'idée qu'il faille défendre les russophones dans le Donbass est une aberration absolue. Je parle moi-même russe, dans une ville qui parle russe, mais j'ai fait le choix

---

1. Ce que prouve la publication, en octobre 2016, par le groupe de hackers ukrainiens CyberHunta, de 2 300 e-mails de Vladislav Sourkov, alors conseiller du président russe en charge de l'Ukraine. Le «cardinal gris» de Vladimir Poutine y est surpris en pleine fabrication d'un mouvement «séparatiste» dans l'est de l'Ukraine (travail de coordination du mouvement avec des personnalités et organisations russes, avec des «acteurs» politique du Donbass, financement d'actions déstabilisatrices...). Selon le Kremlin, ces documents sont des faux.

de parler ukrainien où je veux, quand je veux et avec qui je veux, dit-il. Le vrai problème, c'est un conflit de générations. Je n'arrête pas de me disputer avec mes grands-parents et mes parents : ils vivent encore quelque part dans une URSS qui n'existe plus, alors que l'URSS, c'est quelque chose que je perçois de façon totalement négative. Le séparatisme dans le Donbass, c'est ça. »

« Vous pensiez qu'on vous accueillerait avec des fleurs », ironise Volodymyr Zelensky, s'adressant aux Russes dans les vidéos qu'il poste depuis le début du conflit. En effet, dans cette guerre d'images qui se déroule sur les réseaux sociaux, sur les chaînes Telegram, les journalistes de guerre russes n'ont quasiment pas montré de scènes de liesse en guise d'accueil de l'armée des envahisseurs. « Lorsqu'on voit les maisons brûlées des habitants russophones de Kharkiv, visées par des missiles russes, on comprend que Moscou n'a aucun souci des populations russophones », résume le philosophe et essayiste Volodymyr Yermolenko.

Contrairement à ce que semblent penser les dirigeants du Kremlin, la création d'entités séparatistes non reconnues par la communauté internationale et l'entretien d'une guerre à basse intensité dans le Donbass n'ont pas contribué à augmenter le sentiment pro-russe à l'est de l'Ukraine. Cela a essentiellement suscité du rejet. Juste avant la guerre, 72 % des citoyens percevaient la Russie comme un État hostile, avec certes des nuances régionales. Mais la politique d'agression menée par le Kremlin renforce systématiquement cette défiance envers la Russie, et leur volonté de résistance. Cela explique ces scènes stupéfiantes et émouvantes comme celles où l'on voit la population de Kherson et de Melitopol, tout juste conquises militairement par les troupes russes, descendre dans la rue avec des drapeaux ukrainiens pour crier aux soldats russes : «*Domoï!*» (Rentrez chez vous!).

Le contraste est saisissant avec ces autres scènes poignantes, captées aux quatre coins du territoire, depuis huit ans et encore plus ces dernières semaines, où, de l'est à l'ouest, se répète un cérémoniel né de la guerre. À chaque fois qu'un enfant du pays périt sur le front, son corbillard est accompagné jusqu'à sa dernière demeure par des milliers de personnes. Sur les bas-côtés des routes, de jour ou de nuit, ces dernières se pressent au passage du cortège, jetant des fleurs blanches devant le véhicule. Agenouillées, elles se recueillent, prient, chacun prononce trois fois à voix haute : «*Geroï ne vmiraiout*» («Les héros ne meurent pas»).

Dans l'est de l'Ukraine, le rapport aux républiques séparatistes de Donetsk et de Louhansk est ambigu. Beaucoup y ont des membres de leur famille, d'anciens collègues, des connaissances, qui sont restés de l'autre côté de la ligne de front. On a régulièrement des nouvelles, par un retraité de passage venu toucher sa pension ukrainienne ou une personne venue se faire soigner. Les populations séparées par la ligne de front continuent de se parler. Si souvent, on évite d'aborder la politique ; on entend parler des mines de charbon qui ferment côté «séparatiste», des arriérés de salaire de plusieurs mois, des services sociaux qui disparaissent et des supermarchés mal achalandés où les prix ont explosé.

Lorsque Moscou déclenche des conflits séparatistes, comme au début des années 1990 en Moldavie avec la Transnistrie, et en Géorgie avec l'Abkhazie et l'Ossétie du Sud, ce n'est pas pour les beaux yeux des populations. L'approche du Kremlin est toujours la même : créer par la guerre une entité séparatiste, en faire une marionnette politique avant d'encourager, soi-disant au nom de la paix, le pays concerné, que ce soit l'Ukraine, la Géorgie ou la Moldavie, à changer sa Constitution pour devenir une fédération où les régimes sécessionnistes fantoches auront un droit de veto sur les choix stratégiques.

Ces dernières années, le gouvernement de Kyiv a engagé beaucoup de moyens pour soutenir ce Donbass trop souvent négligé. L'économie de la partie orientale de l'Ukraine, les chaînes de production industrielle, l'approvisionnement en charbon ont énormément pâti de l'état de conflit du Donbass. Dès son accession au pouvoir, Volodymyr Zelensky a beaucoup travaillé à attirer l'argent dans la région, faisant du port de Marioupol une vitrine du développement moderne qu'il appelle de ses vœux. Fin octobre 2019, le président avait organisé sur les bords de la mer d'Azov une conférence baptisée «Re : Think» : un événement branché, le plus grand forum international d'investissements étrangers en Ukraine jamais élaboré en dehors de Kyiv. L'objectif affiché était de faire de Marioupol «l'aimant à investissements» du pays, de transformer ce dernier en «Tigre de l'Est» et de redonner au Donbass toute sa place dans cette nouvelle économie.

Car le Donbass est une région un peu spéciale pour Zelensky. Il en a exploité une des meilleures ressources : l'humour. En 2004, la bande originelle de Kvartal 95 intègre progressivement des jeunes pousses de l'équipe KVN «Va Bank» de Louhansk : parmi elles, Evgeniy Kochevoy, qui devient un des piliers des programmes de Kvartal 95, une star du petit écran ukrainien. «Le Chauve», comme on le surnomme là-bas, interprétera le rôle du ministre des Affaires étrangères vicelard de Vassyl Goloborodko dans la série *Slouga Narodou*. Volodymyr Zelensky, qui fonctionne à l'affectif en affaires comme en politique, appelle souvent Kochevoy son meilleur ami. Les tournées de Kvartal 95 font volontiers escale à Donetsk et dans les villes de la région, où l'humour populaire russophone des acteurs fait mouche. Résultat : lorsque le comédien se lance en politique, il emporte tout sur son passage dans le Donbass (côté non occupé par la Russie). Au second tour de l'élection présidentielle de 2019, 89 % des électeurs des régions de Donetsk et de Louhansk votent pour lui. C'est son score le plus élevé sur tout le territoire ukrainien, alors que le Donbass était censé être un bastion du parti d'opposition pro-russe Pour la vie.

En passer par la guerre

En janvier 2019, lorsqu'ils apprennent que Volodymyr Zelensky, le bateleur de Kvartal 95, va se présenter à l'élection présidentielle, beaucoup de soldats ukrainiens, notamment ceux qui sont mobilisés dans le Donbass, rient jaune. « Qu'est-ce que je pense de la candidature Zelensky ? Quand j'ai mal aux dents et que je vais chez le dentiste, j'aime bien qu'il sache soigner les dents. Quand j'emmène ma voiture au garage, j'espère que le garagiste sait ce que c'est qu'un moteur. Et quand je vote pour un président, j'attends au moins qu'il sache quelque chose sur l'armée, vu que ça va être mon commandeur en chef », nous raconte à Shchastya, dans le Donbass, un sergent de la 80e brigade aéroportée de Lviv. Ce n'est alors pas un secret que les milieux militaires soutiennent Petro Porochenko, à qui on sait gré d'avoir restructuré les forces armées ukrainiennes.

Dans leurs sketches, Zelensky et ses comparses évoquent peu le thème de la guerre, comme si c'était un tabou. On peut rire de beaucoup de choses, mais peut-on rire de la guerre? En 2014, lorsque le conflit éclate, la troupe de Kvartal 95 se rend à Kramatorsk pour se produire en plein air devant les soldats mobilisés. Comme à l'accoutumée, les chansons et les sketches font mouche, interprétés debout sur des caisses de munition. Mais entre Zelensky et la frange patriotique de la population, ça passe mal. En pleine campagne électorale de 2019, Kvartal 95 se sent obligé de produire à la va-vite un documentaire de commande qui vante le soutien de Zelensky et de ses amis aux forces armées, les achats de Jeep pour les soldats qu'ils ont financés. Le film est diffusé afin de donner l'image, un peu fake, d'un Zelensky connecté aux défenseurs ukrainiens du Donbass.

Très vite, l'homme axe sa campagne présidentielle sur le retour à la paix, une des principales demandes des Ukrainiens, en particulier ceux de l'Est, éprouvés après huit années de guerre. Mais, interrogé par les journalistes sur la manière dont il s'y prendra pour rétablir la paix, Zelensky est peu disert. Il bafouille. Il s'y connaît mal en matière militaire et se borne à déclarer qu'il est prêt à négocier et parler à Poutine s'il le faut. En réalité, il est animé d'un rejet viscéral de tout ce qui ressemble à de la brutalité. «Dès que j'ai rencontré Zelensky, j'ai remarqué son aversion pour la violence et la guerre. Chez lui, ça se traduisait même par un rapport ambigu à la révolution de Maïdan. À chaque fois qu'il en parle, il assimile ça au sang versé, à quelque chose de négatif», confie une source politique qui l'a rencontré en 2019.

En avril 2019, Zelensky le pacifiste est élu avec un mandat quasi impératif : mettre fin à la guerre, coûte que coûte. Or, malgré sa disposition à négocier, à faire des concessions majeures que sa légitimité politique issue des urnes lui aurait permis d'imposer, Volodymyr Zelensky a obtenu la guerre. Une guerre totale que lui livre le Kremlin, peut-être symbolisée par les mystérieuses lettres V, O et Z peintes sur les véhicules militaires de l'invasion russe et qui pourraient signifier : «Volodymyr Oleksandrovitch Zelensky». Simple hypothèse.

Sans doute en a-t-il été ainsi parce que Volodymyr Zelensky ne s'est pas senti investi du droit de renoncer au rêve européen de la majorité de ses 44 millions de compatriotes. Au moment où il arrive au pouvoir, les enquêtes d'opinion montrent que pour 53% de ses concitoyens, «l'Ukraine devrait rejoindre l'Union européenne à long terme», contre 13% qui soutiennent une adhésion à l'Union eurasienne avec la Russie, la Biélorussie et le Kazakhstan. 24% des répondants estiment que l'Ukraine ne devrait adhérer ni à l'une ni à l'autre. «L'orientation de la politique étrangère vers la Russie a chuté de manière significative au début, après l'annexion de la Crimée, et surtout après l'agression militaire dans le Donbass», notent les sondeurs. Ils soulignent aussi les disparités régionales, les partisans de l'adhésion à l'Union européenne étant moins nombreux à l'est du pays, mais quasi à égalité tout de même avec ceux qui appellent de leurs vœux le rapprochement avec la Russie (34% pour l'Union européenne, 27% pour l'Union eurasiatique promue par Vladimir Poutine, 30% ni pour l'une ni pour l'autre). D'autres études témoignent d'une forte adhésion, environ 70%, aux valeurs promues par l'Europe : droits de l'homme, prospérité économique, État de droit, libertés individuelles...

Seulement, assez tôt, certaines personnes qui gravitent autour de Zelensky comprennent les dangers de la situation. Peu avant l'élection, un blogueur populaire du nom d'Oleksiy Arestovitch, qui s'est également rendu célèbre pour ses missions spéciales dans les forces armées ukrainiennes, apporte son soutien au candidat Zelensky. En février 2019, il accorde une interview à Apostrophe, une petite télévision ukrainienne, à laquelle il livre une prophétie lucide et sombre. Interrogé sur la perspective d'un rapprochement de l'Ukraine avec l'Occident et en particulier avec l'Otan, Arestovitch estime alors : «Cela conduira probablement à une opération militaire massive de la Russie contre l'Ukraine.» Il poursuit son raisonnement : «[les Russes] doivent nous attaquer avant que nous rejoignions l'Otan, pour que nous n'intéressions plus l'Otan [...]. Il y a une probabilité de 99,99 %, que notre entrée dans l'Otan signifie une guerre majeure avec la Russie. Mais si nous renonçons à l'Otan, cela signifiera une prise de contrôle de notre pays d'ici dix ou douze ans [par Moscou]. Nous sommes donc à ce carrefour. Bien sûr qu'il y aura une grande guerre avec la Russie et nous pourrions ensuite rejoindre l'Otan sur la base de notre victoire. Maintenant, votons Zelensky!» Relancé par la présentatrice sur ce que signifie une guerre avec la Russie, Arestovitch spécule sur «une offensive aérienne, une attaque par l'armée russe déployée à notre frontière, le siège de Kyiv, la tentative d'encercler l'armée ukrainienne autour de Donetsk, des attaques depuis le Bélarus, la proclamation de nouvelles républiques populaires... Et la probabilité de tout cela est de 99%». Quand est-ce que ça interviendra? «La période la plus critique se situe entre 2020 et 2022.»

En février 2022, Oleksiy Arestovitch devient une célébrité nationale dès les premiers jours de la guerre, lorsqu'il apparaît dans les médias comme conseiller militaire de la présidence. Ses briefings vidéo quotidiens sur la situation sont aussi scrutés que ceux du président. L'armée ukrainienne a d'emblée opposé une incroyable résistance à l'invasion russe, au point de faire renoncer Poutine à ce qui était sans doute son objectif majeur : prendre Kyiv. Une colonne de 70 kilomètres de long, plongeant sur la capitale ukrainienne, se fait décimer. Les forces russes venues du Bélarus voisin doivent rebrousser chemin, après avoir semé la mort partout sur leur passage. Néanmoins, au printemps, une bataille lourde d'incertitudes s'annonce dans le Donbass.

L'Ukraine pourrait-elle sortir victorieuse de cette grande épreuve ? Pour cela, il faudrait que l'Occident lui livre encore plus d'armes, des armes de nature à lui permettre de lancer des contre-offensives. Mi-avril 2022, après une cinquantaine de jours de guerre, Volodymyr Zelensky déclarait aux journalistes Anne Applebaum et Jeffrey Goldberg que si les Russes ne sont pas expulsés des provinces orientales du territoire, «ils peuvent retourner au centre de l'Ukraine et même à Kyiv. C'est possible. Ce n'est pas encore le moment de la victoire». Son pays ne peut gagner que si ses alliés à Washington et en Europe l'arment vite et massivement. «Nous avons une très petite fenêtre d'opportunité.»

Pendant ce temps, les négociations avec les Russes stagnent. Sur ce terrain aussi, Zelensky sort la grosse artillerie : sa légitimité politique et le soutien dont il jouit en ces jours historiques, en sortant de sa poche la carte du référendum. Pas question de céder un morceau de territoire, comme la Crimée ou le Donbass, ou de changer la Constitution dans le cadre des garanties sécuritaires auxquelles Moscou prétend, au moyen notamment d'un éventuel statut de «neutralité», sans passer par une consultation populaire. «Nous avons besoin d'un référendum parce que seul le peuple peut prendre la décision d'adopter ce statut et ces garanties», explique le 27 mars 2022 le président Zelensky aux cinq journalistes russes qui l'interviewent sur Zoom.

Le référendum est une des armes que redoute le plus Vladimir Poutine, à moins d'en organiser un sous la pression des tanks comme en Crimée le 16 mars 2014. C'est en creux ce qu'il a dit au président français Emmanuel Macron, au terme de cinq heures d'entretien en tête à tête avec lui au Kremlin le 8 février 2022. Lors de leur conférence de presse commune, évoquant le refus de Volodymyr Zelensky de mettre en œuvre les accords de Minsk-2, signés sept ans plus tôt sous la menace, Vladimir Poutine lâchait au sujet de l'Ukraine : «Que ça te plaise ou non, ma jolie, faudra supporter.» Il citait là la strophe d'une chanson d'un groupe de rock russe populaire, évoquant un viol.

Chacun est un héros

Après deux mois de conflit, la popularité du président Volodymyr Zelensky est au pinacle, il a rallié à lui, tout du moins le temps de la guerre, l'immense majorité de la société. Pour beaucoup d'observateurs de la vie politique ukrainienne, c'est une petite surprise, car personne ne s'attendait à ce que l'homme soit aussi combatif dans ce rôle. La crainte qu'il puisse faire un refus d'obstacle en cas de guerre existait réellement, quasiment jusqu'au 24 février au matin

«Zelensky est arrivé au pouvoir en tant que président de la paix. D'un point de vue humain, il est hostile à l'idée même de la guerre, il ne veut pas du tout de la guerre. Ce qu'il veut, c'est construire des routes, faire des grands projets, mais pas la guerre, constate Kristina Berdynskykh, la reporter politique de l'hebdomadaire *Novoe Vremya*. Cela explique pourquoi, pendant longtemps, beaucoup de gens ont estimé que le nouveau président était faible en tant que chef militaire, malgré le fait qu'il se soit souvent rendu sur la ligne de front dans le Donbass.» Pour la journaliste, Zelensky est désormais entré dans une nouvelle dimension : «Lorsque la guerre a éclaté, il s'est avéré qu'il était tout à fait courageux et déterminé. Il n'a pas été réellement déstabilisé et il n'a pas quitté Kyiv. Je crois que les choses ne marchent pas pour les Russes, en partie parce que Zelensky n'a pas quitté la ville, alors qu'il aurait pu le faire. Les militaires ont le sentiment que le commandant en chef ne s'est pas dégonflé, et le peuple le ressent aussi. »

L'aura du président a également grandi par la grâce de ses interventions vidéo quotidiennes d'une dizaine de minutes, filmées dans sa *war room* (cabinet de guerre), dans son bureau ou dans la rue, le plus souvent de nuit. Des discours à hauteur d'homme : il y évoque constamment des destins particuliers, de femmes, d'enfants. Il exprime très fidèlement ce que les gens ressentent. Par ailleurs, ses prises de parole indiquent qu'il n'a pas peur des Russes. Chaque soir de guerre, dans son désormais iconique tee-shirt kaki, il résume la journée, explique où en sont les fronts militaire ou diplomatique, et regonfle le moral du pays de sa voix de basse. Dans ces vidéos, ses derniers mots sont généralement consacrés aux héros du jour, c'est-à-dire à ceux pour qui il a signé un décret leur décernant le titre très officiel de « héros de l'Ukraine ». Le 15 avril 2022, il annonce ainsi avoir décoré 237 militaires, dont 34 à titre posthume, et octroyé le titre de « héros de l'Ukraine » au « colonel Dmytro Valeriovitch Kashchenko, pour l'exemple d'héroïsme qui inspire ses camarades de service, pour des opérations de combat très efficaces et concrètes et des résultats très importants dans le maintien de nos positions et l'expulsion des occupants ».

Rien, dans le ton, le regard appuyé, les inflexions de la voix, n'indique qu'il tente de s'approprier une partie de cette gloire. À l'évidence, pour Volodymyr Zelensky, les héros sont ceux qui risquent leur vie dans les ruines de Marioupol, dans les faubourgs de Kharkiv, de Mykolaïv, à Irpin ou Boutcha. Comme Vitaly Skakoun, jeune soldat ukrainien qui, au premier jour de la guerre, s'est volontairement fait exploser sur un pont dans la région de Kherson afin de ralentir la marche des chars russes. Sans jeu apparent, sans doute parce qu'écrasé par le courage de tant d'Ukrainiens en guerre, le chef de l'État, en «serviteur du peuple», semble mettre en application son fameux slogan : «Chacun de nous est président.» Dans ses vidéos du soir, il veut aussi dire en substance : «Chacun de nous est un héros.»

Durant ces semaines dramatiques de 2022, lors desquelles l'existence même de l'Ukraine est menacée, c'est tout un peuple qui retrouve ses réflexes de partisan. Car c'est de cette histoire de résistance et de défense d'une identité nationale qu'est né le cri de ralliement «*Slava Ukraïni! Heroiam slava!*» (Gloire à l'Ukraine! Gloire aux héros!). Un usage imaginé par les combattants de la République populaire d'Ukraine en 1918, pris dans la guerre civile russe, comme une façon de se saluer qui s'invite aujourd'hui dans les discours publics et les moments de communion collective, lors des funérailles de ceux qui sont tombés au front. Tout un imaginaire, une mythologie, est contenu dans ces «Gloire à l'Ukraine! Gloire aux héros!» que l'on entend un peu partout dans le pays. Mais les héros ne sont plus seulement les grandes figures historiques ou les personnages d'antan : ils sont aussi un facteur, une infirmière, un étudiant, un chanteur d'opéra ou le voisin qui un jour se sont illustrés sur le front du Donbass.

La dimension héroïque de Volodymyr Zelensky apparaît à vrai dire bien plus... aux yeux du public occidental, pas habitué à voir un chef d'État démocratiquement élu obligé de prendre des décisions qui engagent la vie et la mort de ses concitoyens. Le fait que les responsables politiques européens se pressent désormais à Kyiv est révélateur, sans doute parce que le courage personnel de Zelensky questionne les consciences d'Européens qui voient revenir sur le continent le spectre de la guerre et s'interrogent sur l'attitude qu'ils adopteraient dans une telle situation.

Dans la presse anglo-saxonne, les comparaisons avec Winston Churchill fleurissent. Volodymyr Zelensky s'en emparera d'ailleurs lors de son exposé en vidéoconférence devant la Chambre des communes, paraphrasant le célébrissime discours de 1940 du légendaire Premier ministre britannique : «Nous nous battrons jusqu'à la fin, dans les mers, dans les airs. Nous allons continuer la lutte pour notre terre, quel qu'en soit le coût. Nous nous battrons dans les forêts, les champs, les rivages, les rues.» À un correspondant anglais qui insiste vraiment sur une analogie pas totalement convaincante, à vrai dire, Zelensky répond d'une pirouette : «Churchill buvait plus que moi!»

Les Ukrainiens sont paradoxalement plus prudents dans leur appréhension du caractère héroïque de leur président. «Je pense que Zelensky a convaincu beaucoup de monde, les gens ne s'attendaient pas à un tel courage de sa part. Tous ses détracteurs se sont tus. Cela ne signifie pas qu'ils se sont mis à l'aimer du jour au lendemain, mais tout le monde comprend que l'important maintenant est d'affronter la Russie et de gagner la guerre contre Poutine, et non de se laisser distraire par les divisions internes», poursuit ainsi la journaliste Kristina Berdynskykh, qui ne se fait aucune illusion sur la suite.

«Je suis sûre qu'après la victoire de l'Ukraine, les critiques [contre Zelensky] vont revenir! Parce que les Ukrainiens sont prompts à s'unir dans l'adversité, mais ils sont également prompts à se quereller en temps de paix», sourit-elle. Elle remarque que les Ukrainiens n'hésitent déjà pas à émettre des critiques envers leur chef d'État et les autorités, surtout quand il s'agit des négociations en cours avec la fédération de Russie sur une éventuelle neutralité du pays comme condition *sine qua non* au retrait des troupes russes du territoire. «Mais franchement, ce sont des critiques très légères! Personnellement, j'estime que Zelensky a plus progressé en tant que politicien en trois semaines de guerre qu'en presque trois ans au pouvoir. Si l'Ukraine gagne la guerre et ne signe pas un mauvais accord avec la Russie, il est quasi assuré d'un second mandat.»

Peut-être que Volodymyr Zelensky n'est qu'un héros ordinaire, parmi tant d'autres. Après tout, il s'est positionné comme «serviteur du peuple» et, en 2022, les vrais héros, ce sont les Ukrainiens, individuellement et collectivement. «Les Ukrainiens montrent au monde que les valeurs démocratiques ne sont pas seulement défendables, mais qu'elles peuvent être défendues héroïquement, et ce à contre-courant de l'ambiance de décadence et de frustration qui règne dans le reste du monde démocratique depuis quelques décennies, estime le philosophe et essayiste Volodymyr Yermolenko, chroniqueur avisé des changements du temps présent dans son pays. L'Ukraine est maintenant incroyablement unie : certains comparent cela à la révolution de Maïdan, mais c'est plus que Maïdan. L'Ukraine d'aujourd'hui est beaucoup plus inclusive : on le ressent dans l'armée, dans les centres de volontaires, sur les check-points et sur les routes où la nation entière est devenue comme le cocon d'une grande amitié. Cette unité a des causes tragiques, mais elle n'en est pas moins miraculeuse.»

Miraculeuse, comme la réconciliation entre Volodymyr et un de ses pires ennemis. Ces trois dernières années, Mykhailo Tkach, un des meilleurs journalistes d'investigation ukrainien, qui opère dans le média indépendant Ukrainska Pravda, a passé son temps, jour et nuit, tel un moine soldat, à enquêter sur les affaires, scandales ou errements de Zelensky et de son entourage. Tout y passe : les résidences de la famille présidentielle, les liens avec les oligarques de la bande de Kvartal 95, les petits privilèges du pouvoir, les scandales des députés Serviteur du peuple… Mykhailo Tkach est la bête noire de Volodymyr Zelensky qui le lui rend bien. L'automne dernier, lors de la dernière conférence de presse publique du président avant la guerre, les deux hommes s'étaient invectivés devant les caméras pendant une demi-heure !

Mais le 2 mars 2022, après moins d'une semaine de guerre, Mykhailo Tkach se fend d'un post sur sa page Facebook : «On disait autrefois "comme Churchill" ou "nous avons besoin de notre Vaclav Havel", ou bien "où est notre Mandela". Les années passeront et peu importe si cette guerre se termine par la victoire de l'Ukraine ou la défaite de la Russie, mais dans différents pays, en des temps difficiles, à travers le monde, il me semble que les gens diront "notre Zelensky" ou "nous avons besoin de notre Zelensky", ou bien "où est notre Zelensky".»